로컬크리에이터

잠들어 있던 거인이 깨어나다

박창용 지음

LOCAL CREATOR

BELOCAL

추천사

한양대학교 국제대학원 교수 전영수

로컬리즘은 단순한 유행이 아니라, 지속 가능한 사회로 나아가기 위한 메가트렌드입니다. 중앙 중심의 성장 전략과 재정 투입만으로는 더 이상 지역을 살릴 수 없습니다. 이제는 단위 로컬이 스스로의 삶과 이야기를 기반으로 한 복원 전략을 세워야 합니다.

로컬리즘의 핵심은 '복제가 불가능한 우리만의 방식'입니다. 그 독자성과 자생력을 만들어내는 주체가 바로 로컬크리에이터입니다. 그들은 지역의 정체성을 재해석하고, 생활 속에서 실험하며, 커뮤니티를 중심으로 지역 생태계를 재설계하는 기획자이자 실행자입니다.

박창용 박사의 이번 책은 로컬리즘의 가능성을 구체적 사례와 함께 제시하며, 한국 사회가 나아가야 할 지역 회복의 방향을 제안합니다. 로컬의 실험이야말로 이 시대의 가장 현실적이고 혁신적인 대안임을 이 책은 설득력 있게 보여줍니다.

한국사회혁신가네트워크 부이사장 이철호

우리는 흔히 '지방소멸'이라는 단어로 지역의 위기를 이야기합니다. 하지만 이 책은 소멸을 막는 거대한 정책보다, 지역이 스스로 살아남을 수 있는 기능을 회복하는 길을 제시합니다.

박창용 박사가 말하는 지역 활성화는 거창한 개발이나 투자 중심의 접근이 아닙니다. 그는 지역을 다시 일으키는 힘의 중심에 '커뮤니티'—사람과 관계의 회복을 둡니다. 그리고 그 커뮤니티의 씨앗이 바로 '로컬크리에이터'임을 구체적 사례와 함께 보여줍니다.

로컬크리에이터는 단순한 창업가가 아니라, 지역의 문화와 사람을 엮어 지속 가능한 생태계를 만들어가는 지역 회복의 촉매자입니다. 이 책은 그들이 어떻게 서로를 연결하고, 스스로의 삶을 지역과 맞물리게 하는지를 섬세하게 기록합니다. 지역은 다시 거대 담론이 아닌 사람의 이야기에서 시작됩니다. 이 책이야말로 '살아남는 지역'의 가능성을 가장 현실적으로 보여주는 보고서이자, 새로운 시대의 지역 커뮤니티 선언문입니다.

충북창조경제혁신센터 로컬크리에이터 파트장 심병철

'지속가능성', '공동체', '창의성'. 로컬크리에이터들은 이 세 가지 가치를 중심으로 지역을 자신의
무대로 다시 세우는 사람들입니다. 그들은 낡은 창고를 문화공간으로, 버려진 바닷가를 커뮤니티
허브로, 잊힌 골목을 새로운 경제의 통로로 바꾸며 삶과 일, 지역을 함께 디자인합니다.
이 책은 그들의 시도와 시행착오, 그리고 그 속에서 발견되는 로컬의 회복력을 정밀하게
담아냅니다. 지역이 더 이상 '누군가의 고향'으로만 머무르지 않고, '누구나 일하고 배우며 살아갈
수 있는 터전'으로 변화하는 과정이 그려집니다.
박창용 박사의 통찰은 지역혁신의 현장에서 일하는 우리 모두에게 중요한 질문을 던집니다.
"지역의 미래는 어디에서 시작되는가?" 그 답은 바로 사람과 커뮤니티, 그리고 그 중심에서 새로운
길을 만드는 로컬크리에이터들에게 있습니다.

씨에스피 대표 민욱조

"로컬을 바꾸려면 변화를 이끌 사람을 먼저 찾아야 한다" 즉 지역의 미래는 사람과 커뮤니티에
있습니다. 이 책은 이러한 흐름 속에서 박창용 박사의 깊이 있는 통찰은, 지방 소멸 위기에도
불구하고 지역이 지닌 무한한 잠재력과 변화의 희망을 제시합니다.

실제 사례를 통해 로컬크리에이터의 가능성을 입증하며, 기존 지역 활성화 정책의 한계를 넘어선
실질적 대안, 즉 지역경영회사 모델을 제시합니다.

지역 활성화를 고민하는 정책 관계자, 로컬에서 새로운 도전을 꿈꾸는 청년, 그리고 우리 동네의
변화를 기대하는 모든 이들에게 이 책은 현실적인 길잡이가 될 것이며, 이 책이 우리 주변을 더
따뜻하고 활기찬 곳으로 만드는 데 기여하리라 기대합니다.

비로컬 대표 김혁주

로컬은 단순한 공간이 아니라 사람과 관계 그리고 변화의 방식입니다.

이 책은 지역의 잠재력 위에 자신의 삶을 새롭게 설계한 사람들의 생생한 기록이며 각자의 자리에서 지속가능한 내일을 실험한 사람들의 실천서입니다. 박창용 박사는 로컬을 이념이나 유행이 아닌 삶의 태도이자 산업적 전략으로 풀어냈습니다.

이 책은 연구자의 분석을 넘어서 현장의 언어가 살아 움직입니다. 책속에 소개된 이야기들은 로컬이 더 이상 변방이 아니라 새로운 중심이 되고 있음을 증명하고 있습니다.

비로컬은 지난 수 년간 로컬크리에이터들과 함께 지역의 가능성을 미래와 연결해 왔습니다. 대한민국의 로컬 비즈니스 관계자를 수년간 만나면서 배운 건 단 하나, 변화는 결국 사람에서 시작된다는 사실입니다. 이 책은 지역을 사랑하는 사람들, 로컬 비즈니스를 준비하는 창업가, 그리고 지역을 다시 일으키려는 모든 사람들에게 훌륭한 나침반이 될 것입니다.

목차

프롤로그

잠들어 있던 거인이 깨어나다.

서울 홍대 앞 어느 카페에서 만난 30대 초반의 박○○씨는 이런 말을 했다.

"매일 아침 지하철을 타고 출근하면서 생각해요. '나는 왜 이렇게 살고 있을까?' 회사에서 하는 일도 의미 있다고 생각하고, 월급도 나쁘지 않은데. 뭔가 공허해요. 마치 거대한 기계의 부품 같다는 기분이 들어요."

그의 고민은 결코 특별하지 않다. 2024년 한 설문 조사에 따르면, 서울 거주 20·30세대의 57.9%가 '현재 살고 있는 지역을 떠나고 싶다'고 답했다. 성공의 상징이었던 서울이, 이제는 많은 청년에게 '탈출하고 싶은 곳'이 되어버린 것이다.

그런데 흥미로운 변화가 일어나고 있다. 일부 청년들이 서울을 떠나 지방으로 향하고 있는 것이다. 하지만 이들은 단순히 '도시를 포기한' 사람들이 아니다. 오히려 지역에서 새로운 가능성을 발견하고, 자신만의 방식으로 성공을 재정의하는 사람들이다.

평범한 사람들이 만들어낸 특별한 이야기

강원도 양양의 작은 해변가. 불과 10년 전만 해도 이곳은 여름 45일만 관광객이 찾는 평범한 바닷가였다. 그런데 지금은 연간 110만 명이 찾는 '서핑의 성지'가 되었다. 이 놀라운 변화의 중심에는 박준규라는 청년이 있었다. 그는 부산에서 프로모션 업무를 하던 평범한 회사원이었지만, 양양 바다에서 새로운 꿈을 발견했다.

인천 중구 개항로의 이야기는 더욱 드라마틱하다. 한때 '인천의 명동'이라 불렸지만 쇠퇴한 이 거리를 다시 살린 것은 이창길이라는 지역 청년이었다. 그는 폐업한 병원 건물을 카페로 바꾸고, 40년 이상 된 노포들과 협업하여 '올드&뉴'라는 독특한 정체성을 만들어냈다. 지금 개항로는 주말이면 '힙플레이스'로 변모하여 수많은 사람이 찾는 명소가 되었다.

수원 행궁동, 충주 관아골, 공주 제민천, 부산 영도… 전국 각지에서 비슷한 이야기들이 펼쳐지고 있다. 이들의 공통점은 무엇일까? 바로 지역의 숨겨진 가치를 발견하고, 이를 창의적으로 재해석하여 새로운 경험과 가치를 만들어내는 사람들이라는 것이다.

로컬크리에이터라는 새로운 존재

이들을 우리는 '로컬크리에이터'라고 부른다. 지역(Local)과 창작자(Creator)를 결합한 이 용어는 단순히 지방에서 창업하는 사람을 의미하지는 않는다. 지역의 문화, 역사, 자연, 사람들의 이야기를 바탕으로 그 지역만의 독특한 가치를 창출하는 혁신가들을 뜻한다.

로컬크리에이터들은 '지방'을 '낙후된 곳'으로 보지 않는다. 오히려 '가능성의 땅', '기회의 땅' 그리고 '창의성을 발휘할 수 있는 캔버스'로 바라본다. 서울에서는 엄두도 낼 수 없는 프로젝트를 지역에서는 시도해볼 수 있고, 실패에 대한 부담도 상대적으로 적다. 무엇보다 자신만의 고유한 색깔을 만들어낼 수 있는 공간이 바로 로컬인 것이다.

시대의 흐름이 말하는 것들

이러한 변화는 우연이 아니다. 몇 가지 거대한 시대적 흐름이 만나 '로컬의 시대'를 열고 있는 것이다.

첫째, 가치관의 변화다. MZ세대에게 성공의 기준은 더 이상 '대기업 입사'나 '수도권 생활'이 아니다. '일과 삶의 균형', '의미 있는 일', '행복한 삶'이 새로운 성공의 척도가 되었다.

둘째, 기술의 발달이다. 디지털 노마드가 가능해지면서 '어디서든 일할 수 있다.'는 인식이 확산되었다. 몸은 로컬에 있어도 마음과 네트워크는 전 세계와 연결될 수 있게 된 것이다.

셋째, 코로나19의 영향이다. 팬데믹을 겪으면서 많은 사람들이 삶의 질과 환경에 대해 재고하기 시작했다. 넓은 공간, 깨끗한 자연, 건강하고 여유로운 삶에 대한 갈망이 커졌다.

넷째, 고령화 사회의 도래다. 베이비부머 세대의 지역 이주가 예견되면서, 로컬크리에이터들에게는 새로운 고객층과 협력 파트너로 등장할 수 있기 때문이다.

이 책이 전하고자 하는 메시지

이 책은 로컬크리에이터라는 새로운 존재들의 이야기를 통해 '지역'과 '성공'에 대한 새로운 관점을 제시한다.

1장에서는 왜 지금 '로컬'이 주목받고 있는지, 그리고 MZ세대가 로컬을 선택하는 이유를 살펴본다. 2장에서는 로컬크리에이터가 누구인지, 어떤 특성을 가지고 있는지 구체적으로 분석한다.

3장은 이 책의 핵심이다. 전국 각지에서 활동하는 로컬크리에이터들의 생생한 이야기를 통해 그들이 어떻게 지역의 가치를 발견하고 새로운 비즈니스를 만들어냈는지 살펴본다. 성공 뒤에 숨겨진 시행착오와 극복 과정도 솔직하게 담아냈다.

4장에서는 로컬크리에이터가 갖춰야 할 핵심 역량과 성장 비결을 분석한다. 지역성의 발견과 활용, 네트워킹 능력, 실패를 딛고 일어서는 회복탄력성 등을 구체적으로 다룬다.

마지막 5장에서는 로컬크리에이터를 둘러싼 정책 환경과 앞으로의 발전 방향을 제시한다. 개인 중심에서 조직 중심으로, 단기 지원에서 지속가능한 생태계 조성으로의 전환 방향을 모색한다.

독자들에게 전하는 메시지

이 책을 읽는 독자들에게 묻고 싶다. 당신에게 '성공'이란 무엇인가? 당신이 진정 원하는 삶은 무엇인가?

만약 현재의 삶에서 무언가 부족함을 느끼고 있다면, 만약 자신만의 방식으로 의미 있는 일을 하고 싶다면, 이 책이 새로운 영감을 줄 수 있을 것이다. 로컬크리에이터들의 이야기는 '성공'을 다시 정의하고, '지역'을 새로운 눈으로 바라볼 수 있게 해줄 것이다.

물론 로컬에서의 삶이 항상 쉽지만은 않다. 이 책에 등장하는 로컬크리에이터들도 수많은 시행착오와 어려움을 겪었다. 하지만 그들은 그 과정에서 진정한 보람과 성취감을 발견했다. 무엇보다 자신만의 방식으로 지역과 사람들에게 의미 있는 변화를 만들어내는 기쁨을 맛보았다.

잠든 거인을 깨우는 사람들

대한민국의 약 53% 면적 지역이 '지방소멸' 위기에 직면했다고 한다. 하지만 이 책에 등장하는 로컬크리에이터들을 보면 다른 생각이 든다. 지역은 죽어가는 것이 아니라 단지 잠들어 있었을 뿐이다. 그리고 로컬크리에이터들은 그 잠들어 있던 거인을 깨우는 사람들이다.

양양의 해변이 서핑의 성지로 변모하고, 인천 개항로가 힙플레이스로 재탄생하고, 충주의 골목에서 청년들의 꿈이 피어나는 것을 보면서 확신한다. 지역에는 아직도 발견되지 않은 무한한 가능성이 숨어있다는 것을.

당신도 혹시 그 잠들어 있던 거인을 깨울 수 있는 사람은 아닐까? 이 책이 그 질문에 대한 답을 찾는 여정의 시작이 되기를 바란다.

"로컬크리에이터는 단순히 창업자나 예술가가 아닙니다. 지역과 사람, 과거와 현재, 전통과 혁신을 연결하는 '문화적 통역가'입니다."

자, 이제 그들의 이야기를 시작해보자.

01

로컬,
잠든 거인을 깨우다

청년, 지방으로 '힙'하게 돌아오다.
복잡한 도시의 빠른 속도감은 중심부에서 살고 있다는 안도감을
주기도 하지만, 동시에 '녹색갈증'을 느끼게 한다. 도시의 삶에서
느끼는 피로감은 탈서울의 동기였다.

'서울 밖에서 산다는 것' toss feed(2025.01.06.)

1. 로컬이 뭐길래? 힙스터들이 열광하는 이유

로컬의 재발견: 시대의 새로운 물결

인스타그램은 MZ 세대의 주요 관심사와 최근 유행을 알 수 있는 바로미터다. 그런 인스타그램에서 로컬 관련 해시태그(#)는 이미 수십만 개를 넘어서고 있다. '로컬 맛집', '로컬 카페', '로컬 여행' 등등. 얼마 전까지만 해도 '지방'이라고 불리며 외면받던 공간이 이제는 '로컬'이라는 이름으로 재발견되고 있다. 불과 5년 사이의 짧은 기간 동안 무엇이 이런 변화를 가져왔을까?

'로컬'의 변화는 단지 용어만 바뀐 것이 아니다. '지방'이 중앙에 종속된 주변부라는 한정적이고 하위적인 의미라면, '로컬'은 고유한 정체성과 가치를 지닌 '독립적 공간'이라는 긍정적 의미를 내포한다. 이는 로컬이란 단어의 등장이 단순히 어휘의 변화가 아닌 패러다임의 전환임을 의미한다.

로컬은 이제 '뒤처진 곳'이 아니라 '새롭게 발견할 가치가 있는 곳', '한 번 가볼 만한 곳'으로 인식되고 있다. 서울 홍대, 강남, 이태원이 마치 복제품처럼 몰개성의 비슷한 공간으로 변해가는 동안, 전국 각지의 로컬은 저마다의 독특한 개성과 색깔을 가지고 성장하고 있다. 지방의 작은 도시들에서 열리는 마켓과 축제에는 인파가 몰리고, '로컬'이라는 단어는 어느새 '힙(hip)'한 문화 코드가 되었다. 익숙하다 못해 획일화된 글로벌 트렌드에 지친 사람들에게 로컬은 신선한 영감의 원천이 되고 있다.

로컬 트렌드를 연구하는 전문가들에 따르면, 많은 젊은이들이 대형 프랜차이즈로 가득한 도시 공간보다 지역 특색이 살아있는 로컬 공간에서 더 큰 매력을 느낀다고 한다. 여러 인터뷰를 종합해 보면, "어디에서나 볼 수 있는 공간이 아닌, 그 지역에서만 경험할 수 있는 독특함"이 로컬의 핵심 매력으로 꼽힌다.

로컬의 부상은 단순한 유행이 아니라 사회문화적 현상이다. 독특함과 진정성을 추구하는 현대인의 욕구, 과밀화된 대도시의 한계, 디지털 기술의 발달로 인한 원격 근무 가능성과 그에 따른 디지털 노마드의 증가 등 여러 요인이 복합적으로 작용했다.

특히 코로나19 팬데믹은 이러한 추세를 더욱 가속화했다. 사회적 거리두기와 재택근무가 일상화되면서 '어디서든 일할 수 있다'는 인식이 확산되었고, 많은 사람이 삶의 질과 환경에 대해 재고하기 시작했다. 넓은 공간, 깨끗한 자연, 건강하고 여유로운 삶에 대한 갈망도 커졌다. 로컬은 이런 소망들을 실현할 수 있는 '바로 그곳'이었다. 특히 인스타그램을 포함한 SNS의 발달은 로컬의 매력을 전국적으로, 때로는 전 세계적으로 알리는 촉매제가 되었다. 더 이상 '변방'에 있다는 것이 소외를 의미하지 않는다는, 패러다임의 전환이 시작된 것이다.

로컬리즘(Localism)의 등장

로컬리즘의 본질은 '장소성(sense of place)'에 있다. 이는 지역성의 개념과 깊이 연결된다. 각 지역은 자신만의 독특한 역사적 배경, 문화적 특징, 생태적 환경을 지니고 있으며, 이러한 요소들이 모여 그 지역 특유의 정체성과 특성을 형성한다. 로컬리즘이란 결국 이러한 지역 고유의 특성과 가치를 인식하고, 존중하며, 보존하는 데서 시작되는 철학이다. 지역성을 중시한다는 것은 단순히 지리적 경계를 인정하는 것을 넘어, 그 안에 담긴 고유한 삶의 방식과 가치체계를 소중히 여기는 태도라 할 수 있다.

로컬리즘은 현재 다양한 영역에서 뚜렷한 트렌드로 자리 잡아가고 있으며, 이는 세계적인 추세이기도 하다. 먹거리 분야에서는 생산자와 소비자 간의 직접적인 연결을 강조하는 팜투테이블[1](farm-to-table) 운동, 지역에서 생산된 식재료를 중시하는 로컬푸드 운동[2] 등으로 확산하고 있다. 소비 측면에서는 지역 기반 브랜드에 대한 선호도가 높아지고, 로컬 크래프트 제품으로 분류되는 지역 맥주나 커피는 지역 특성화 제품으로 큰 인기를 얻고 있다.

관광 분야에서도 변화가 감지되는데, 지역의 고유한 문화와 특성을 깊이 경험하는 로컬 투어리즘[3] 과 여유롭게 한 지역을 탐색하는 슬로우 트래블[4](slow travel)이 주목받고 있다. 주거 형태에서도 바쁜 도시 생활에서 벗어나 삶의 질을 중시하는 다운시프팅[5] 현상과 함께 지방으로의 이주가 증가하는 추세이다.

한국 사회 역시 이러한 글로벌 흐름에 동참하고 있다. 특히 2015년 이후로는 로컬 브랜드, 로컬 여행, 로컬 라이프스타일에 대한 관심이 급증했다. 이제 '로컬'이라는 개념은 단순한 지리적 의미를 넘어서 하나의 문화적 코드가 되어가고 있으며, 많은 사람이 추구하는 새로운 라이프스타일의 중심축으로 진화하고 있다.

---

1) 팜투테이블은 지역 농장에서 생산된 식재료를 대형 공급업체가 아닌 소비자(주로 레스토랑)에게 직접 공급하는 사회적 운동이다. 신선한 제철 음식을 사용하고 지역 경제를 돕는 것을 목표로 하며, 생산지를 알고자 하는 소비자들의 요구가 커지면서 인기를 얻고 있다.
2) 로컬푸드 운동은 장거리 운송으로 인한 농약 사용 및 그에 따른 건강, 환경, 복잡한 유통구조 등 여러 문제들을 해결하기 위한 대안으로 주목받고 있다. 이는 생산자와 소비자 간의 거리를 줄여 신선하고 안전한 먹거리를 공급하고, 농가 소득 안정, 환경 부담 감소, 지역 내 신뢰 관계 형성 및 지역 경제 활성화에 기여한다.
3) 관광 트렌드가 기존의 유명 명소 중심, 단체 대규모 규격형의 매스 투어리즘에서 지역 고유의 가치를 관광객이 직접 체험하도록 하는 로컬 투어리즘으로 변화하고 있다. 이는 지역 주민 주도로 기획되며, 에코투어리즘, 문화관광 등 다양한 형태로 나타난다.
4) 슬로우 트래블은 단순히 천천히 여행하는 것을 넘어, 의도적으로 속도를 늦추고 지역 및 문화와 의미 있는 연결을 구축하며 깊이 몰입하는 여행 방식을 말한다. 정형화된 일정에서 벗어나 현지 문화를 경험하고 새로운 사람들을 만나는 것을 중시하여 점점 인기가 높아지고 있다.
5) 다운시프팅(downshifting)은 사회적 행동의 한 경향으로, 개인들이 물질적 성공이나 빠른 속도의 삶에서 벗어나 더욱 느리고 여유로운 삶, 즉 삶의 질을 중시하는 방식으로 생활방식을 변화시키는 것을 의미한다.

2. 나만의 개성으로 승부한다:
MZ세대가 로컬을 선택한 이유

밀레니얼·Z세대의 가치관 변화

밀레니얼 세대(1980년대 초~1990년대 중반 출생)와 Z세대(1990년대 중반~2000년대 초반 출생)는 이전 세대와는 확연히 다른 가치관을 보인다. 이들에게는 성공의 기준과 정의가 이전 세대와는 사뭇 다르다.

X 세대의 성공		MZ 세대의 성공	
대기업 입사	안정적인 삶	일과 삶의 균형	행복한 삶
수도권 생활	기회의 보장	의미 있는 일	성취감
규모와 성장	성공의 척도	가치와 경험	성공의 척도

이러한 가치관의 변화는 MZ 세대가 로컬에 주목하게 된 배경이 되었다. 그들에게 로컬은 '소외되고 낙후된 곳'이 아니라, '새로운 가능성의 땅'으로 인식되기 시작했다.

로컬 창업가들의 이야기를 들어보면, 대도시에서 조직 문화에 대한 피로감, 심리적 소외감을 느낄 때와는 달리 지역에서는 자신만의 정체성과 존재감을 찾았다는 경험이 공통적으로 나타난다. "대도시에서는 수많은 부품 중 하나처럼 느껴질 때가 있었지만, 지역에서는 나 자체가 되어 독특한 가치를 제공하는 사람으로 인정받는다"는 이야기는 여러 로컬크리에이터들이 입을 모아 말하는 공통된 경험이다.

MZ 세대(밀레니얼+Z세대)가 로컬을 선택하는 이유는 다양하지만, 가장 근본적인 욕구는 '나다움'을 찾고자 하는 열망이다. 이 열망은 대도시의 치열한 경쟁 속에서 소모품처럼 느껴지던 자신이, 로컬에서는 독특한 개성을 가진 주체로 거듭날 수 있다는 희망과 열정으로 직결된다.

로컬리즘과 밀레니얼·Z세대의 가치 변화

밀레니얼과 Z세대는 이전 세대와 가치관에서도 차이를 보인다. '성공의 사다리'를 오르는 것보다 '의미 있는 삶'을 추구하고, '소유'보다는 '경험'을 중시하며, '안정'보다는 '자아실현'에 가치를 둔다. 이러한 가치관의 변화는 자연스럽게 로컬리즘과 이어진다. 로컬은 자신의 아이디어를 실현할 수 있는 더 넓은 캔버스를 제공한다. 대도시에서는 엄두조차 못 낼 프로젝트도 로컬에서는 과감하게 시도해볼 수 있다. 실패에 대한 부담도 상대적으로 적다.

로컬 창업가들과의 대화에서 자주 등장하는 이야기는 초기 투자 비용의 차이다. 수도권에서 창업을 위해 필요한 자금이 지방에서는 절반 이하로 줄어드는 경우가 많다. 이러한 경제적 접근성은 청년들이 꿈을 실현하는 문턱을 크게 낮춰준다. 초기 투자 금액에 대한 부담도 덜고, 만약 창업에 실패한다 해도 후에 다시 시도할 여유가 상대적으로 더 많다.

MZ 세대가 디지털 네이티브로서 온라인과 오프라인의 경계를 자유롭게 넘나드는 점도 큰 장점이다. 디지털 강자인 그들은 몸은 로컬에 있어도, 마음과 네트워크는 전 세계와 연결되어 있다. SNS를 통해 자신의 로컬 비즈니스를 전국에 알릴 수 있고, 원격으로 글로벌 프로젝트에 참여할 수도 있다.

현대 도시인들의 마음속에는 항상 갈등이 존재한다. 한 설문 조사에 따르면, 무려 57.9%의 응답자가 현재 사는 지역을 떠나고 싶다고 답했다. 하지만 응답자의 98.4%는 대부분 대도시나 중소도시에 거주하고 있다. 구체적으로 보면 수도권에 72.2%, 광역시에 13.6%, 중소도시에 12.6%가 살고 있었다. 도시에 살고 있으면서도 정작 그 도시를 떠나고 싶다니 아이러니가 아닐 수 없다.

왜 이렇게 많은 도시 거주자들이 떠나고 싶어 할까? 응답자 과반수(52.0%)는 '과도한 스트레스와 번잡함'을 주된 이유로 꼽았다. '자연과 가까이 살고 싶다'는 열망(25.1%)과 '높은 주거비 및 생활비 부담'(17.9%)도 중요한 동기였다. 그러나 도시를 떠나는 결정은 현실적으로 쉽지 않다. 귀농·귀촌을 고려할 때 사람들이 가장 우려하는 것은 '의료·교육 등 생활 인프라 부족'과 '도시에서 누리던 문화·여가시설의 부재'였다. 더불어 '안정적인 소득 확보의 어려움', '지역사회 적응의 장벽', '기존 직업과의 병행 문제' 등도 큰 걱정거리로 나타났다.

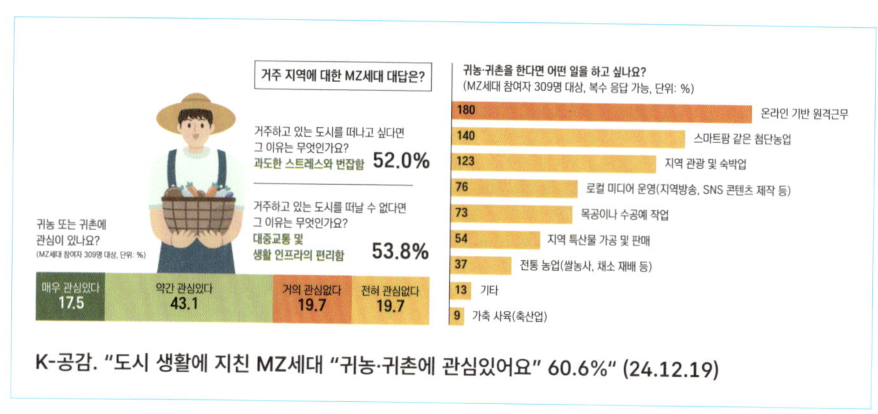

K-공감. "도시 생활에 지친 MZ세대 "귀농·귀촌에 관심있어요" 60.6%" (24.12.19)

한편, 도시에 계속 머물겠다는 이들의 가장 큰 이유는 '대중교통 및 생활 인프라의 편리함'(53.8%)이었다. '편리한 의료 및 교육 시설'(15.2%), '다양한 문화 및 여가시설'(12.1%), 그리고 '안정적인 일자리'(9.8%)도 도시 생활을 포기할 수 없는 중요한 요소였다. 이러한 조사 결과는 우리 시대 청년들이 직면한 감정을 잘 보여준다. 보다 여유롭고 자연 친화적인 삶을 갈망하면서도, 다른 한편으로 도시가 제공하는 편리함과 기회를 쉽게 포기하기 어려운 게 현실이다. 결국, 이것은 단순한 거주지 선택의 문제가 아니라, 우리가 어떤 가치를 중시하고 어떤 삶을 살아가길 원하는지에 관한 더 깊은 질문을 던지게 된다.

이러한 상황 속에서 로컬의 발전은 결과적으로 이제는 더 이상 '서울 정착=성공'이라는 방정식이 절대적이지 않음을 보여준다. 오히려 많은 청년이 자신만의 방식으로 성공을 재정의하고 있으며, 그 무대로 로컬을 선택하고 있다고 볼 수 있다.

로컬, 선택이 아닌 대안이 되다.

이제 로컬은 단순히 '떠나온 고향'이나 '관광지'가 아닌, 새로운 삶의 방식과 가치를 실현할 수 있는 '대안적 공간'으로 인식되고 있다. 실제로 통계에 따르면, 2019년부터 2022년까지 수도권에서 지방으로 이주한 20~30대 청년의 수는 지속적으로 증가했다. 특히 제주도, 강원도, 전라남도 등 자연환경이 뛰어나고 문화적 자원이 풍부한 지역으로의 이주가 두드러졌다.

주목할 점은 이들이 단지 '탈서울'에 그치지 않고 적극적으로 지역에서의 새로운 발전 가능성을 모색한다는 것이다. 이들은 카페, 게스트하우스, 농장, 공방, 마을 서점 등 자신만의 프로젝트를 시작하며 지역 커뮤니티에 새로운 활력을 불어넣고 있다.

3. '로컬 크리에이티브' 시대가 온다

과거의 관광이 대부분 '명소 방문'에 초점이 맞춰져 있었다면, 이제는 '현지인 처럼 경험하기'로 패러다임이 변화하고 있다. 사람들은 단순히 유명한 장소를 스쳐 지나가는 것이 아니라, 그 지역만의 독특한 문화와 일상을 직접 경험하 고 느껴보기를 선호한다.

이러한 변화는 소비 트렌드에도 반영되고 있다. '로컬 소비'는 이제 단순한 지 역 제품 구매를 넘어, 그 제품이 만들어지는 과정과 이야기, 그리고 그 뒤에 있 는 사람들과 연결되는 경험으로 확장되고 있다.

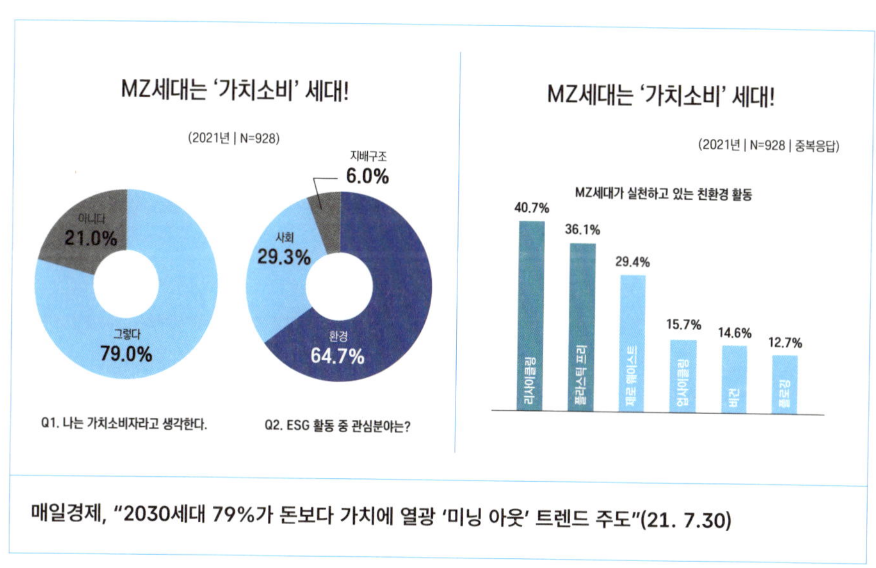

매일경제, "2030세대 79%가 돈보다 가치에 열광 '미닝 아웃' 트렌드 주도"(21. 7.30)

로컬 크리에이티브 경제란, 지역의 고유한 자원과 문화적 특성을 창의적으로 활용해 새로운 경제적 가치를 창출하는 것을 말한다. 로컬에서는 예술, 디자인, 음식, 공예, 관광 등 다양한 분야에서 지역의 정체성을 살린 창의적 활동이 펼쳐지고 있다.

이러한 활동의 중심에는 '로컬크리에이터'라는 새로운 창의적 주체들이 있다. 이들은 단순한 창업자나 예술가를 넘어, 지역의 문화적·경제적 생태계를 재구성하는 혁신가들이다.

로컬 크리에이티브 산업은 독특한 매력으로 청년들의 관심을 끌고 있다. 무엇보다 이 산업의 핵심은 특정 지역에서만 만날 수 있는 독창적인 콘텐츠이다. 서울의 어느 카페, 제주도의 작은 공방, 강릉의 골목길 등 이런 장소들은 저마다 각자만의 독특한 이야기를 품고 있기 마련이다.

이런 장소들이 특별한 이유는 바로 '스토리텔링의 힘' 때문이다. 로컬크리에이터들은 오래된 지역의 역사와 문화적 자산을 현대적 감각으로 새롭게 풀어내고 있다. 할머니의 손맛을 현대적 레시피로 재해석하거나, 마을의 오래된 전설을 새로운 디자인에 녹여내는 방식이다.

로컬 크리에이티브 산업은 단순히 '보는' 경험을 넘어선다. 지역특산물로 만든 음식을 맛보고, 전통 공예품을 손으로 만들어보고, 지역의 자연환경을 온몸으로 느끼는 등 모든 감각을 사용하는 총체적 경험을 제공한다. 이는 지역을 방문하는 방문객들에게는 단지 관광이나 상품 판매가 아니라 지역성과 스토리와 체험이 합해진 독특한 경험의 기회가 된다.

이런 산업의 중심에는 대기업이 아닌 작은 비즈니스들이 있다. 대량 생산된 획일적인 제품보다는 소량으로 정성껏 만든 제품, 고객 한 명 한 명에게 맞춘 개인

화된 서비스가 로컬 크리에이티브 산업의 강점이다. 흥미로운 점은 이렇게 지역에 뿌리를 둔 산업이 온라인을 통해 전 세계로 뻗어 나간다는 것이다. SNS나 온라인 마켓플레이스를 통해 작은 마을의 이야기가 전 세계로 퍼져나가고, 디지털 기술이 아날로그적 가치를 더욱 빛나게 만든다.

로컬 크리에이티브 산업은 결국 우리가 사는 곳, 우리의 뿌리에 다시 주목하면서 새로운 시대의 흐름을 따라가는 창의적인 움직임이라 할 수 있다.

4. 지속 가능성 추구: 환경과 공동체를 고려한 비즈니스 모델

로컬 크리에이티브 산업 - 왜 지금, 왜 로컬인가?

빠르게 변화하는 글로벌 세상에서 역설적으로 '느림'과 '지역성'에 주목하는 흐름이 강해지고 있다. 이것이 바로 로컬 크리에이티브 산업의 부상이다. 이 새로운 움직임은 단순한 트렌드가 아닌, 우리 삶의 방식과 가치를 재정의하는 의미 있는 변화이다.

세계는 이미 '로컬'로 향하고 있다

1999년 이탈리아의 작은 마을 키안티에서 시작된 '슬로 시티' 운동은 이제 전 세계 30개국 225개 도시로 확산되었다. 이 운동의 독특한 점은 '느림', '지역성', '공동체'라는 가치를 단순한 이상이 아닌 실제 브랜드로 발전[6] 시켰다는 것이다. 결과적으로 관광객들은 새로운 경험을 찾아 모여들고, 주민들 삶의 질도 함께 높아지는 윈-윈(win-win) 효과를 만들어냈다.

일본의 사례도 주목할 만하다. 인구 감소와 상가 공실로 활기를 잃어가던 지역들이 '리노베이션 스쿨[7]'과 '마치야 게스트하우스[8]' 같은 창의적 프로젝트를 통해 새 생명을 얻고 있다. 이들은 단순히 '인스타그램에 예쁘게 나오는' 시골이 아니라, 실제로 '살아볼 만한 가치가 있는' 지역을 만드는 데 집중했다.

---

6) 슬로시티 인증 기준 자체가 환경, 인프라, 삶의 질, 지역특산물 보호 등을 포함하며 '느림의 철학'을 구체적인 정책과 실천으로 연결하고 있다. 이는 곧 해당 도시의 브랜드 가치를 높이는 역할을 하고 있다.

7) 일본에서 시작된 유휴 부동산(빈집, 빈 점포 등)을 활용하여 지역 활성화를 도모하는 단기 집중 워크숍 형태의 프로젝트. 참가자들이 실제 사업 아이템을 기획하고 사업성을 검토하여 지역 재생 아이디어를 발굴하고 실현하는 것을 목표로 한다. 일본의 건축가, 도시계획 전문가들이 주도하며 여러 지자체에서 성공 사례를 만들어내고 있다.

8) 일본의 전통적인 도시 상가 주택을 의미하는 '마치야(町屋)'를 개조하여 게스트하우스로 활용하는 것은 외국인 관광객들에게 일본 전통문화를 체험할 기회를 제공하고, 동시에 오래된 건물을 보존하며 지역에 새로운 활력을 불어넣는 방법으로 주목받고 있다.

우리나라에서도 흥미로운 로컬 프로젝트들이 성공 사례를 만들어가고 있다. 부산 영도의 '커피 거리'는 과거 배와 조선업의 쇠퇴로 침체되었던 지역이 어떻게 변화할 수 있는지 보여준다. 이곳의 1세대 카페 창업자들은 단순히 가게를 여는데 그치지 않고, 커피 축제와 로스팅 클래스를 통해 지역 전체에 활기를 불어넣었다. 이들이 성공할 수 있었던 비결은 스페셜티 커피라는 틈새 콘텐츠와, 초기 앵커 스토어들이 만들어낸 방문객 유입 효과였다.

전남 목포의 '괜찮아 마을'은 청년들과 지역을 연결하는 새로운 모델을 제시한다. 6주간의 특강, 공동 주거 경험, 지역 기반 프로젝트를 통해 청년들이 지역에서 가능성을 발견하고, 지역에 연착륙 할 수 있도록 돕는다. 이곳의 '체험→창업→정착'이라는 창의적인 접근법을 보여주고 있다.

경주 감포읍 일대에서 활동하는 청년 로컬 콘텐츠 제작소 '마카모디'가 추진한 '가자미마을' 프로젝트는 감포의 대표 특산물인 가자미를 매개로 지역의 전통 가치를 현대적으로 재해석한 혁신적인 사례이다. 이 프로젝트는 가자미라는 이름에 '가자-味(감포의 맛), 가자-美(감포의 멋), 가자-未(마을의 미래), 가자-me(나 자신)'라는 네 가지 의미를 담아 지역의 식문화와 정체성을 새롭게 발굴하고 있다. 마카모디는 가자미식탁, 가자미식당 등 다양한 체험형 프로그램을 통해 청

년들의 지역 정착을 지원하고, 팝업 레스토랑과 소셜다이닝을 통해 지역민과 관광객 간의 교류를 활성화하고 있다.

2022년 행정안전부 청년마을 공모사업에 선정된 이 프로젝트는 전통 수산업의 가치를 보존하면서도 창의적인 콘텐츠화를 통해 지역소멸 방지와 지역경제 활성화라는 현대적 과제에 성공적으로 대응하며 감포 지역의 중요한 성장 동력이 되고 있다.

로컬 크리에이티브의 핵심 원칙

이러한 사례들에서 우리는 몇 가지 중요한 원칙을 발견할 수 있다.

첫째, '느림의 속도'가 새로운 경쟁력이 될 수 있다. 항상 빨라야만 성공한다는 기존의 통념과 달리, 자신만의 속도로 지역의 자원을 깊이 있게 발굴하는 것이 오히려 차별화된 가치를 만들어낸다는 것이다.

둘째, 브랜딩은 더 이상 대기업만의 고유한 영역이 아니다. '곰표 밀가루'가 트렌디한 굿즈로 재탄생한 예에서 보듯이 선명한 스토리텔링만 있다면 지역의 소박한 자원도 새로운 로고, 패키징, 콘텐츠를 통해 매력적인 브랜드로 거듭날 수 있다.

셋째, 지속가능성의 핵심은 공동체에 있다. 주민 참여가 약한 프로젝트는 결국 수명이 짧아지게 마련이다. 특히 외부에서 온 청년 창업자라면 '지역 친구'를 먼저 만드는 것이 성공의 첫걸음이다.

로컬 크리에이티브는 단순히 예쁜 골목을 만드는 미적 프로젝트가 아니다. 이는 지역의 정체성과 현대인의 라이프스타일을 새롭게 정의하며, 궁극적으로는 '지속 가능한 행복'을 설계하는 종합적 시도다.

로컬 크리에이티브의 미래 가능성

로컬 크리에이티브 움직임은 단순한 유행이 아닌, 더 깊은 사회적 변화를 반영하고 있다. 초연결 사회에서 오히려 '연결'의 진정한 의미를 묻고, 성장 지상주의에서 벗어나 지속 가능한 발전을 모색하는 흐름이다.

특히 인구 감소와 지방소멸이라는 위기에 직면한 한국 사회에서, 로컬 크리에이티브는 지역 재생의 중요한 원동력이 될 수 있다. 창의적인 청년들이 지역에 정착해 새로운 가치를 창출하고, 이를 통해 지역 경제와 공동체가 활성화되는 선순환을 만들어낼 수 있기 때문이다.

더불어 기후 위기와 같은 글로벌 도전 앞에서 로컬 중심의 생활양식은 더욱 중요해질 것이다. 지역 기반의 순환 경제, 짧은 공급망(short supply chain), 로컬 푸드 등은 환경 부담을 줄이면서도 지역 경제를 활성화하는 대안으로 주목받고 있다.

이 모든 변화의 중심에는 로컬크리에이터가 있다. 그들은 지역의 잠재력을 발견하고, 창의적인 시각으로 해석하며, 새로운 가치를 창출한다. 이들은 단순한 사업자가 아니라 지역을 재해석하는 큐레이터이자, 새로운 경험을 디자인하는 창작자다.

로컬 크리에이티브 시대는 이제 막 시작되고 있으며, 그 미래는 무한한 가능성으로 가득 차 있다. 자, 이제 더 구체적으로 로컬크리에이터란 누구인지, 그들은 어떻게 지역을 변화시키고 있는지 살펴보자.

로컬 크리에이티브 시대는 이제 막 시작되고 있으며, 그 미래는 무한한 가능성으로 가득 차 있다. 자, 이제 더 구체적으로 로컬크리에이터란 누구인지, 그들은 어떻게 지역을 변화시키고 있는지 살펴보자.

· 당신이 생각하는 '힙한 로컬'은 어디인가요? 그 지역이 매력적으로 느껴지는 이유는 무엇인가요?

· 만약 당신이 서울을 떠나 지방에서 살게 된다면, 어떤 라이프스타일을 추구하고 싶나요?

· 당신의 직업이나 관심사는 로컬에서 어떻게 새롭게 발전할 수 있을까요?

실천 과제

· **로컬 브랜드 탐험:** 당신이 관심 있는 분야(음식, 패션, 인테리어 등)에서 3개 이상의 흥미로운 로컬 브랜드를 찾아보고, 그들의 스토리와 차별점을 정리해보세요.

· **로컬 여행 계획:** 단순히 유명 관광지를 방문하는 것이 아닌, 한 지역의 일상과 문화를 깊이 경험할 수 있는 3일 여행 계획을 세워보세요.

· **나만의 로컬 프로젝트 상상하기:** 만약 당신이 지방에서 창업이나 프로젝트를 시작한다면, 어떤 아이디어를 실행해보고 싶은지 구체적으로 적어보세요.

02

로컬크리에이터란
누구인가?

로컬크리에이터란
누구인가?

나는 부산 해운대에서 프로모션과 광고 담당자로 일하면서 바다를 배웠다. 도시의 번잡함 속에서 무언가 결핍됨을 느꼈고, 그 해답을 강원도 양양의 바다에서 찾고 싶었다. '서피비치'를 만들면서 진짜 내가 하고 싶었던 '바다를 배우고, 바다를 공유하는 일'을 찾았다"

강원도 양양 '서피비치' 박준규 대표

1. 로컬크리에이터의 탄생 배경과 흐름

지역이 위기다: 인구 감소와 지방소멸의 그림자

2020년, 대한민국에서는 역사적인 일이 벌어졌다. 출생자 수가 사망자 수보다 적어지는 '인구 자연감소'가 시작된 것이다. 이는 대한민국 전체의 문제이기도 하지만, 특히 지방에서는 이 현상이 더욱 심각하다. 통계청에 따르면 전국 228개 시군구 중 42%에 해당하는 지역이 '소멸 위험지역'으로 분류되었다.

저출산·고령화와 수도권 집중 현상은 지방을 공동화시키고 있다. 상점들은 문을 닫고, 학교는 통폐합되며, 지역 특유의 문화와 전통은 사라져가고 있다. 지역 경제는 침체되고, 젊은 인재들은 떠나가며, 악순환의 고리가 형성되었다.

그러나 어두운 터널 속에서도 빛은 있는 법이다. 바로 '로컬크리에이터'의 등장이다.

변화의 바람: 로컬로 향하는 청년들

요즈음 흥미로운 변화가 일어나고 있다. 서울과 수도권의 치열한 경쟁 속에서 살아가던 일부 청년들이 지방으로 눈을 돌리기 시작한 것이다. 이들은 단순히 도시를 떠나는 것이 아니다. 지역의 문화, 역사, 자연, 음식 등 숨겨진 자산에 가치를 부여하고, 이를 창의적으로 재해석하여 새로운 콘텐츠와 비즈니스를 만들어내고 있다. 이것이 바로 '로컬크리에이터'의 탄생 배경이다.

글로벌 트렌드화

로컬이 품고 있는 '작지만 확실한 가치'는 이제 국경을 넘어 세계 곳곳에서 공감대를 형성하고 있다. 지역을 새롭게 해석하고 디자인하는 이 흐름은 이미 전 세계적인 현상이 되었다. 다음 사례들을 통해 그 맥락을 살펴보자.

미국의 메이커 무브먼트: 누구나 만드는 도시

샌프란시스코의 '테크숍(TechShop)'으로 대표되는 미국의 메이커 스페이스 운동은 "누구나 만들 수 있는 도시"라는 비전을 현실화하고 있다. 이들은 3D 프린터와 레이저 커터 같은 첨단 장비를 월 125달러라는 저렴한 가격에 개방하고, 자정까지 운영하며 다양한 계층의 스타트업 창업자부터 호기심 많은 청소년, 그리고 새로운 취미를 찾는 시니어까지도 하나로 연결한다.

이 운동의 핵심 가치는 자율, 개방, 협업의 문화를 지역 혁신의 기본 토대로 삼는 것이다. 또한, 제조업이나 IT 기술 자체보다는 무언가를 직접 만드는 '경험'을 제공하며, 이를 통해 관광 콘텐츠나 교육 프로그램으로 확장할 수 있다는 가능성을 보여주고 있다.

일본의 지방창생과 지역부흥협력대: 청년과 지역의 만남

2009년부터 시작된 일본의 '지역부흥협력대(地域おこし協力隊)' 제도는 도시의 젊은 인재를 지방으로 연결하는 혁신적인 접근방법을 보여준다. 이 제도를 통해 매년 5,000명 이상의 20~40대 도시 청년들이 지방에 파견되어, 3년간 준공무원 신분으로 지역 활성화 프로젝트에 참여한다. 참가자들은 연간 200~300만 엔(약 2,000~3,000만 원)의 지원을 받으며, 프로그램이 끝난 후에도 약 60%가 현지에 정착하는 놀라운 성과를 보여주고 있다.

이 제도의 성공 사례로 보이는 카미야마 마을은 IT기업 17곳을 유치했고, 나오시마는 '예술의 섬'으로 변모해 연간 50만 명의 관광객을 끌어들이는 데 성공했다. 이러한 성과의 핵심은 청년들에게 생활비 지원과 의미 있는 로컬의 미션을 부여하고 그 미션과 결합된 인센티브 부여 등이다. 또한, 이러한 결과로 예술이나 IT 같은 창의적 산업이 작은 마을의 브랜드가 될 수도 있다는 가능성을 발견한 것이 또 하나의 성과이다.

전 세계의 성공적인 로컬 프로젝트들을 살펴보면, 몇 가지 공통점이 눈에 띈다.

첫째는 사람 중심(Human-ware)이다. 화려한 건물이나 인프라보다 중요한 것은 '그 지역에서 실제로 살아가는 사람들'이다. 성공적인 로컬 프로젝트는 항상 하드웨어가 아닌 사람에서 출발한다는 것이다.

둘째는 DIT(Do It Together) 방식이다. 끝없는 회의와 계획보다는 작은 실험을 바로 시작하고 빠르게 개선하는 방식이 효과적이라는 것이다. 이러한 접근법은 실패의 리스크를 최소화할 수 있으며 혹시 실패하더라도 다시 빠르게 다시 시작할 수 있으며 지역 스타트업 생태계를 자연스럽게 성장시킨다.

셋째는 앵커 콘텐츠와 브랜딩이다. 때로는 한잔의 커피나 하나의 디자인 도구가 지역 전체의 이미지를 새롭게 만들어내는 앵커 포인트가 된다. 로컬 브랜딩은 이제는 대기업만의 영역이 아니라, 작지만 선명한 이야기를 가졌다면 누구라도 시도할 수 있는 영역이 되어가고 있다.

로컬은 이제 '서울이 아닌 지방'이라는 소극적 정의를 넘어섰다. 그것은 누구나 직접 참여하고, 형태를 만들고, 이야기를 채워 넣을 수 있는 작은 세계다. 국내에서는 2010년대 중반부터 중소벤처기업부, 행정안전부 등이 '로컬크리에이터' 육성 정책을 본격화했고, 2018년부터는 '지역 기반 로컬크리에이터 활성화 지원사업'이 시행되었다. 이러한 배경 속에서 전국 각지에서 로컬크리에이터들이 등장하기 시작했다.

현재 로컬크리에이터는 자신만의 독특한 시각으로 지역의 가치를 재발견하면서, 동시에 전 세계와 소통하는 글로벌 스탠다드를 만들어가고 있다.

2. 로컬크리에이터는 어떤 사람들일까?

로컬크리에이터의 정의와 특징

'로컬크리에이터(Local-Creator)'란 '지역(Local)'과 '창작자(Creator)'의 합성어로서 지역의 자원과 특성을 창의적으로 활용해 새로운 가치를 만들어내는 사람들을 말한다. 학술적으로는 "로컬크리에이터는 특정 지역에 대한 깊은 애정과 정체성을 바탕으로, 지역의 자원(예: 자연, 문화, 사람, 특산물, 건축, 역사 등)을 발굴하고, 이를 창의적으로 재해석하여 차별화된 콘텐츠나 새로운 비즈니스로 기획·구현하는 창작자이자 기획자이며, 지역을 사랑하는 '덕후 기질'을 갖춘 존재로서 지역경제와 커뮤니티 활성화에 기여하는 창조적·기업가적 주체이다(박창용, 2025)."로 정의된다. 따라서 이들은 소상공인, 창업가에 국한되지 않고, 도시재생 스타트업, 중간지원조직, 지역 공무원, 예술인, 지역 청년 등 지역성과 창의성을 매개로 가치를 창출하는 모든 주체를 포함할 수 있다.

로컬크리에이터, 이제는 글로벌 스탠다드

로컬크리에이터들은 무엇보다 그들이 활동하는 지역의 고유한 자원과 특성을 기반으로 살아간다. 그들은 그 지역만의 역사, 문화, 자연환경 등을 자신의 작업 속에 녹여내며, 이를 통해 차별화된 가치를 만들어낸다. 또한, 이들은 기존의 관습이나 틀에서 벗어나 새롭고 창의적인 시각으로 지역을 바라보고 재해석한다. 낡은 것에서 새로운 가능성을 발견하고, 당연하게 여겨지던 것들에 질문을 던지며 혁신적인 변화를 이끌어낸다.

로컬크리에이터의 또 다른 핵심적인 특징은 '실천적 행동가'라는 점이다. 그들은 머릿속의 아이디어나 계획에만 머무르지 않고, 이를 실제 행동으로 옮겨 눈에 보이는 변화를 만들어낸다. 또한, 이들은 개인의 성공만을 추구하지 않고 지역 공동체와의 상생을 중요시한다. 자신의 활동이 지역 주민들의 삶에 어떤 영향을 미치는지 고민하며, 함께 성장하는 방법을 모색한다.

마지막으로, 로컬크리에이터들은 지속가능성을 추구한다. 일시적인 유행이나 단기적 성과를 추구하기보다는 장기적인 관점에서 지역의 발전을 고민한다. 환경적으로도, 경제적으로도, 사회적으로도 지속 가능한 모델을 만들어가기 위해 노력하며, 이를 통해 지역의 진정한 변화와 성장을 이끌어내고자 하는 것이다.

누가 로컬크리에이터가 되는가?

로컬크리에이터는 특별한 사람들만 될 수 있는 것이 아니다. 실제로 다양한 배경을 가진 사람들이 로컬크리에이터로 활동하고 있다. 고향을 떠났다가 돌아온 지역 출신 귀향 청년들은 외부에서 얻은 경험과 지역에 대한 애정을 결합해 발전적이고 새로운 시각으로 지역을 바라본다. 또, 지역의 매력에 이끌려 외지에서 이주한 창업가들은 지역 주민들이 당연하게 여기던 대상을 참신하고 독특한 가치를 재탄생시키는 경우가 많다. 그런가 하면 오랫동안 지역에 살아온 주민 중에서도 지역의 변화를 위해 나서는 로컬크리에이터도 있다.

로컬크리에이터는 다양한 직업군이 존재한다. 디자이너, 요리사, 예술가, 엔지니어, 농부, 영화감독 등 다양한 직업적 배경을 가진 사람들이 자신의 전문성을 지역과 결합시키고 있다. 하지만 이들 모두에게는 공통점이 있다. 바로 해당 지역을 사랑하고 애착심이 높으며 그 지역의 가능성을 믿고, 변화를 만들어내려는 의지가 충만하다는 것이다.

로컬크리에이터의 유형

「지역 활성화에 기여하는 로컬크리에이터에 관한 연구_지역성과 역량을 중심으로」, 한양대 박사 논문(박창용, 2025)에서는 로컬크리에이터를 활동 특성에 따라 아래의 네 가지 유형으로 분류했다.

첫째, 지역성 활용형이다. 로컬크리에이터 대부분이 지역성을 활용하고 있지만, 그중에서도 특히 도드라지는 사람들을 분류했다. 이들은 지역의 특색과 자원을 창의적으로 활용하는 유형으로, 양양 '서피비치', 수원 '행궁동', 인천 '개항로' 등이 대표적 사례이다. 이들은 지역만의 차별화된 브랜딩을 통해 경제적 활력을 불어넣고 있다.

둘째, 문화 커뮤니티를 조성하는 형이다. 지역의 문화를 발굴하고 주민 참여를 유도하는 형태다. 공주 '제민천', '영도 문화도시센터' 등이 대표적인 케이스로서 이들은 지역 주민들의 문화적 유대감 형성에 기여하고 있다.

셋째, 협력 네트워크 중심형이다. 이들은 다양한 주체들과의 네트워킹을 통해 시너지를 창출하는 유형으로, 지역 내 중간지원조직이나 촉매 역할을 한다. 부산 영도의 'RTBP Alliance'가 해당한다.

넷째, 지역사회 문제 해결형이다. 이들은 지역의 구체적인 문제에 적극적으로 개입하고 해결책을 제시하는 유형으로, 영도 '키친파이브', 충주 '세상상회' 등이 있다. 이들은 슬럼화된 거리나 폐공간을 창의적으로 재생시켜 지역민의 삶의 질을 향상시키고 있다.

유형	특징	대표 사례	주요 기여
지역성 활용형	지역 정체성 기반 창의적 해석, 지역성 브랜딩	양양 서피비치, 수원 행궁동, 인천 개항로	지역경제 활성화, 차별화된 지역 브랜딩
문화 커뮤니티 조성형	문화 자산 재해석, 주민 참여 유도, 공동체 정체성 강화	공주 제민천, 영도문화도시센터	문화 공동체 조성, 문화적 유대감 강화
협력 네트워크 중심형	네트워크/협업 중심, 중간지원 조직 활동	RTBP 얼라이언스	공동목표 달성, 로컬 생태계 확장
지역사회 문제 해결형	지역사회 문제 해결 중심, 지역 삶의 질 개선	키친파이브, 세상상회	지역 환경개선, 사회적 가치 창출

3. 지역성과 창의성이 만드는 시너지

지역 자산의 재발견_로컬크리에이터의 시선

로컬크리에이터들이 가진 놀라운 능력 중 하나는 우리가 매일 평범하게 보고, 겪고, 지내는 일상 속에서 특별한 가치를 발견해내는 안목이다. 이들의 핵심은 바로 '지역 자산'의 숨겨진 가능성을 새롭게 바라보는 데 있다.

그렇다면 지역 자산이란 무엇일까? 흥미롭게도 이것은 생각보다 훨씬 다양하고 풍부한 형태로 우리 주변에 존재해왔다. 유형자산뿐 아니라 눈에 보이지 않는 무형의 가치에 이르기까지 지역 자산은 여러 모습으로 우리 곁에 존재하고 있다.

우리는 대개 이런 자산들을 수시로 마주치면서도 그 가치를 인식하지 못한 채 살아가고 있다. 이러한 자산들은 동네 골목길, 해안가의 바위, 할머니의 손맛, 이웃 간의 정 같은 우리의 삶과 일상 속에 있다. 매일 마주하던 일상이기에 그런 흔하고 평범한 것들이 특별한 가치를 지닐 수 있다는 생각을 미처 하지 못하는 것이다. 로컬크리에이터는 이런 평범한 일상 속에 숨겨진 보물들을 발견하고, 현대적인 감각으로 새롭게 해석해내는 감각과 안목을 가진 사람들이다.

로컬크리에이터가 가장 먼저 주목한 지역 자산은 물리적 자산이다. 바다와 산처럼 자연이 선물한 경관, 역사가 담긴 오래된 건물들, 원래의 쓰임 목적을 잃고 방치된 유휴공간, 그리고 그 지역에서만 얻을 수 있는 특별한 특산물까지. 이러한 물리적 자산들은 로컬크리에이터들의 손에서 새로운 경험과 가치로 탈바꿈될 수 있다.

지역 특유의 문화적 자산 또한 지역의 정체성을 형성하는 중요한 요소이다. 수백 년 동안 이어져 온 지역과 마을의 역사, 세대를 거쳐 전해진 전통 방식, 마을 사람들이 함께 즐기던 축제, 그리고 어르신들이 들려주던 옛이야기까지.

이런 문화적 자산들은 로컬크리에이터에 의해 현대적 콘텐츠로 재탄생하게 된다.

인적 자산은 종종 간과되지만 실은 가장 중요하고 소중한 자원이다. 어부가 파도를 읽는 기술, 할머니의 손맛, 장인의 손끝에서 피어나는 전통공에 기법, 농부가 땅을 이해하는 지혜, 마을 이장님의 풍부한 경험 등. 이렇게 지역 주민들의 삶과 경험을 바탕으로 한 지식과 기술은 그 어디에서도 복제할 수 없으며, 이러한 고유의 가치들은 시간이 흐를수록 소중해지고 있다.
마지막으로 사회적 자산이다. 사회적 자산은 눈에 보이지 않지만, 지역의 힘을 만드는 근간이 된다. 오랜 시간 형성된 주민들 간의 끈끈한 유대감, 서로에 대한 깊은 신뢰, 위기 때마다 작동하는 마을의 지원 네트워크. 한국인의 특성이기도 한 이러한 사회적 자본은 로컬 프로젝트의 지속 성장을 가능케 하는 토양이 된다.

로컬크리에이터는 이러한 다양한 형태의 지역 자산들을 새롭게 바라보고 연결함으로써 우리가 미처 보지 못했던 가능성을 현실로 만들어낸다. 어쩌면 당신이 사는 동네, 바로 여기, 지금 이 순간, 마주치는 사람들 틈에도 누군가의 창의적인 시선을 기다리는 보물들이 숨겨져 있을지도 모른다.

오랫동안 방치된 동네의 양조장을 낡은 외관은 최대한 살리면서도, 내부에 현대적인 공간을 조성하고 지역의 정체성을 담아냈습니다. 과거의 흔적과 현재의 문화가 공존하며 방문객들이 체험하고 즐길 수 있는 복합 문화 공간으로 탈바꿈시키니 많은 사람이 찾아오는 명소가 되었습니다.
「맥주, 지역을 담다」, '무등산 브루어리', 라이프인(2021. 9. 6)

창의적 지역 자본(Local Creative Capital)의 힘

지역성이 높은 지역 자산은 그 자체로도 가치가 있지만, 여기에 창의성이 더해질 때 비로소 새로운 차원의 가치가 창출된다. 이것이 바로 '창의적 지역 자본(Local Creative Capital)'의 개념이다. 지역 자산을 단순히 보존, 활용하는 차원에서 벗어나 독특하고 새로운 시각으로 재구성할 때 지역 자산은 창의적 자본으로 재탄생되며 더욱 빛을 발하게 된다.

로컬크리에이터는 다양한 방식으로 창의적 지역 자본을 만들어낸다. 우선 그들은 전통적인 것을 현대적 감각으로 재해석하는 재능이 있다. 예를 들면, 수백 년 된 한옥의 멋과 현대 카페의 편안함을 결합하여 새로운 문화 공간을 창조하는 식이다. 그들은 과거와 현재를 넘나드는 시간적 재해석을 통해 새로운 가치를 발견하곤 한다. 또한, 로컬크리에이터는 서로 다른 요소를 독창적으로 결합하는 능력이 뛰어나다. 지역에서 생산되는 특산물과 세련된 현대 디자인을 결합하거나 전통공예 기법에 최신 기술을 접목하는 등 이질적인 요소들 사이에서 새로운 조화를 찾아낸다.

스토리텔링 역시 로컬크리에이터의 중요한 도구이다. 단순한 사실이나 정보를 넘어, 지역의 역사와 문화를 감동적이고 매력적인 이야기로 재구성한다. 오래된 마을의 설화를 기반으로 체험 프로그램을 개발하거나, 지역 농산물에 농부의 이야기를 담아 브랜딩하는 식으로, 공감과 감성을 자극하는 이야기를 통해 지역 자산의 가치를 높이고 있다.

공간 재생 또한 로컬크리에이터들이 즐겨 사용하는 창의적 접근법이다. 오래된 보세 창고나 폐교, 빈 상가처럼 쓰임을 다하고 버려진 공간을 새로운 시각으로 바라보고 복합 문화 공간이나 커뮤니티 허브로 전환시킨다. 이를 통해 과거의 흔적을 지우는 것이 아니라, 그 속에서 새로운 가능성을 발견하고 지역에 활력을 불어넣는다.

이처럼 로컬크리에이터들은 지역성과 창의성의 만남을 통해, 우리가 미처 발견하지 못했던 지역 자산의 잠재적 가치를 현실화시키는 마법 같은 작업을 수행하고 있다. 이러한 창의적 접근을 통해 로컬크리에이터는 지역에 새로운 활력을 불어넣고, 경제적·사회적·문화적 가치를 창출하고 있다. 이러한 능력이 바로 로컬크리에이터의 역량인 것이다.

성공적인 지역 활성화를 위한 평가 Tool - ABS 모델

로컬크리에이터가 성공하기 위해서는 'ABS 모델'이라고 불리는 세 가지 핵심 요소가 필요하다.

첫째, A(Actor)는 추진 주체 즉, 로컬크리에이터 자신이다. 그들의 특성 및 동기와 관련하여 살펴보면, 로컬크리에이터는 대부분 자기 정체성과 지역에 대한 문제의식에서 출발하여 창업을 시도한 경우가 많다. 특히 지역 출신 청년의 경우, 고향에 대한 애정과 공동체에 대한 책임감이 강하게 나타났으며, 이는 창업 초기 단계에서의 몰입도와 지역사회 연계 활동에 긍정적으로 작용하였다. 반면, 외지인 청년들은 지역의 매력에 끌려 자발적으로 이주한 경우가 많으며, 이들은 지역에 대한 새로운 시각을 통해 지역자원을 재해석하고 활용하는 데에 강점을 보인다.

추진 주체의 공통적인 특성은 개인의 가치지향과 사회적 의미 추구가 활동의 기반이 되었으며, 이들은 문화예술, 교육, 관광, 농식품 등 다양한 분야에서 활동을 전개하고 있다는 것이다. 또한, 로컬크리에이터 개인의 역량인 열정, 창의싱, 실행력과 더불어 개인적 네트워크, 지역사회와의 관계도 모두 포함된다.

둘째, B(Business)는 사업 내용과 운영의 특성을 말한다. 로컬크리에이터들은 지역의 문화, 자연, 역사 등 고유 자원을 기반으로 콘텐츠를 개발하거나, 체험

프로그램 운영, 지역특산물 브랜드화 등 다양한 형태로 사업을 전개하고 있다. 이러한 비즈니스모델은 단순한 수익 창출을 넘어 지역 문제를 해결하는 방향으로 기획되는 경향이 강하며, 이는 지역사회 내 사회적 기업이나 협동조합 형태와 유사한 성격을 지닌다.

또한, 온라인 채널의 적극적인 활용, 지역 내외 협업사업, 교육 및 컨설팅 병행 등의 전략을 통해 비즈니스의 지속가능성을 확보하려는 시도도 확인되었다. 특히 지역자원과 로컬크리에이터의 정체성이 유기적으로 연결된 경우, 높은 몰입도와 브랜드 정체성 강화로 이어지면서 성공 가능성을 높이는 것으로 분석되었다.

셋째, S(Support)는 행정, 금융 등의 지원체계와 관련된 요소다. 로컬크리에이터 활성화 지원사업, 청년 창업도약 프로그램 등과 같은 공공기관의 창업 지원사업과 지역 내 민간 네트워크가 로컬크리에이터 활동의 중요한 기반으로 작용하고 있었다. 실제로 지자체, 마을기업, 주민단체 등과의 파트너십을 통해 공동 프로젝트, 지역 축제 기획, 마을 기반 콘텐츠 생산 등의 협업 구조가 형성된 사례가 다수 확인되었다.

그러나 행정 기관의 지원이 단기성과 중심으로 설계된 경우, 로컬크리에이터가 실질적인 사업의 지속성 확보에 어려움을 겪는 한계도 나타났다. 아울러 지역사회와의 신뢰 관계 형성이 부족한 일부 로컬크리에이터는 주민과의 갈등 혹은 고립된 활동 환경을 경험한 사례도 다수 있었다.

이로써 볼 때, ABS 세 요소가 두루 균형 있게 갖춰질 때, 로컬크리에이터는 지속 가능한 성장과 지역 활성화에 기여할 수 있다고 하겠다.

· 당신이 살고 있는 지역에는 어떤 독특한 자산이 있나요? 그것이 어떤 가치를 가질 수 있을지 생각해 보세요.

· 당신의 기술이나 관심사가 지역의 어떤 자산과 결합될 수 있을까요?

· 자신이 로컬크리에이터가 된다면, 네 가지 유형 중 어디에 가장 가깝다고 생각하나요?

실천 과제

· 내 지역 자산 맵 만들기: 당신이 사는 지역의 물리적, 문화적, 인적, 사회적 자산을 목록으로 작성해 보세요.

· 창의적 결합 시도하기: 위에서 작성한 지역 자산 중 하나와 당신의 관심사/전문성을 결합한 아이디어를 3개 이상 생각해보세요.

· 로컬크리에이터 인터뷰하기: 가능하다면 당신의 지역에서 활동하는 로컬크리에이터를 만나 이야기를 들어보세요. 그들의 경험과 통찰을 배울 수 있습니다.

다음 장에서는 실제 로컬크리에이터들의 생생한 성공 사례를 통해, 이론이 현실에서 어떻게 구현되고 있는지 살펴보도록 하자.

03

**평범한 사람들이
만들어낸 특별한 이야기**

지역에서 무언가를 시작한다는 것은 백지 위에 그림을 그리는
것과 같다. 누구도 가보지 않은 길이기에 두렵지만,
그만큼 자유롭게 상상하고 무엇이든 창조할 수 있는 기회가 있다.

현장에서 배우는
로컬크리에이터의 지혜

지금까지 우리는 로컬의 가치와 로컬크리에이터의 개념에 대해 살펴보았다. 이제 실제 현장에서 활동하는 로컬크리에이터들의 이야기를 통해 그들의 도전, 성장, 성공 과정을 들여다보고자 한다.

로컬크리에이터들은 현재 다양한 지역에서 각기 다른 방식으로 활동하고 있다. 3장에서는 로컬크리에이터에 대한 구체적인 이해를 위해 그들의 실제 활동 사례를 중심으로 살펴볼 예정이다. 낡은 골목을 핫플레이스로 재탄생시킨 인천 개항로, 서핑 하나로 도시를 살린 양양 서피비치, 지역의 역사에 청년 감성을 접목시킨 수원 행궁동 등 여러 성공 사례를 통해 로컬크리에이터가 어떤 활동을 하며, 그들이 어떻게 지역의 가치를 새롭게 창출하고 있는지 살펴볼 것이다.

이 사례들은 단순히 성공스토리여서 다뤄진 것은 아니다. 그보다는 로컬크리에이터들이 직면했던 어려움과 이를 극복한 과정, 그런 활동을 통해 로컬크리에이터가 지역에 변화를 가져오고, 궁극적으로 프로젝트를 성공시킨 사례를 중심으로 소개하고자 하였다. 이를 통해 로컬크리에이터를 꿈꾸는 이들에게 혹은 지역으로의 이주를 꿈꾸는 모든 이들에게 실질적인 인사이트를 제공하고자 한다.

개항로프로젝트
개항로프로젝트
리스펙트 이벤트
11.01—11.30
존경하는 소방관
군인 경찰관 의사
간호사 여러분~!!!

01

인천 '개항로프로젝트'
이창길 대표의
지역 부활 스토리

INCHEON

인천 중구에 위치한 개항로는 한국 근대화의 상징적인 공간이다. 인천은 1883년 인천항 개항 이후 일본, 미국 등과 활발한 교역을 통해 근대 도시로 빠르게 성장했다. 개항로는 인천 최초 백화점인 '미츠코시 백화점 인천지점(三越百貨店 仁川支店)', 한국 최초의 근대식 실내극장인 '애관극장', 우리나라 최초의 감리교 '내리교회' 등 '최초'라는 수식어가 붙은 역사적 장소들이 많이 모여 있는 곳이다.

개항로는 한때 '인천의 명동'이라 불릴 정도로 번화했으며, 1990년대 초까지 사람들이 아주 많이 모이는 번화가였다. 처음에는 외국인 거류지로 형성되어 한때 인천의 중심지이기도 했다. 그러다가 이 지역을 찾는 사람들의 발길이 뜸해지며 점차 잊히게 되었고, 인구와 상권이 빠져나간 '낡은 항구'는 구도심이 되면서 방치됐다.

그러던 개항로가 새롭게 변모한 시기는 2018년부터였다. 이창길 대표가 주도한 '개항로프로젝트'를 통해 폐업한 점포들이 카페, 레스토랑, 펍 등으로 재탄생한 것이다. 지역에 변화가 생기며 '낡은 항구'이던 개항로는 주말이면 '힙플레이스'로 완전히 탈바꿈했다. 이러한 변화의 중심에는 '개항로 프로젝트'의 이창길 대표가 있었다.

노포와 덕후의 콜라보

이창길 대표는 독특한 전략으로 지역 활성화에 성공했다. 그가 건물을 임차하지 않고 직접 매입하는 방식을 택한 것은 매우 효과적인 성공 전략이었다. 그는 건물을 직접 매입함으로써 젠트리피케이션 우려를 선제적으로 차단하고 장기적인 비전을 확보했다. 그는 프로젝트를 시작할 당시, 폐쇄된 채 비어 있던 이비인후과 병원 소유주를 찾아가 지역 활성화에 대한 뜻을 밝히고 병원 건물 매입을 제안하였다.

건물 매입에 성공한 그는 병원의 원형을 가능한 한 유지하며 카페로 개조하였고, 1호 카페인 '브라운핸즈'를 오픈했다. 인테리어나 디자인은 크루들과 함께 의논했고, 비용 절감을 위해 살릴 수 있는 구조물은 최대한 손대지 않고 안전을 위한 보강공사만 대폭 실시했다. 실내장식도 현재 MZ세대 사이에서 유행하는 '꾸안꾸'(꾸민 듯 안 꾸민 듯) 스타일로 최소한의 인테리어만 직접 실행했다.

1호 카페에서 성공한 그는 폐가가 된 산부인과 병원을 같은 방식으로 인수했다. 여기에 우리나라 최초의 전구 공장인 '일광전구[9]'에서 백열등 만드는 폐기계를 가져와 전시했고, 건물 외벽을 포함한 카페 전체에 조명을 설치했다. 이렇게 만들어진 카페가 2호점인 일광전구 브랜드 스페이스 '라이트하우스'로, 이곳은 2019년 일본에서 실시하는 건물 디자인 관련 어워드에서 대상을 수상하기도 했다.

---

9) 일광전구(日光電球, Ilkwang Lighting)는 1962년 '일광전구공업사'로 시작하여 반세기가 넘는 시간 동안 백열전구를 생산해왔다. 여러 위기 속에서도 명맥을 이어오며 현재는 전통적인 전구 제조 기술에 현대적인 디자인을 접목한 다양한 조명 기구 브랜드로 변화와 발전을 거듭하고 있으며, 오랜 역사와 장인 정신을 바탕으로 끊임없는 혁신을 통해 위기를 극복하였고, 이제는 디자인 조명 분야에서 주목받는 브랜드로 자리매김하고 있다.

사업 시작에 앞서 이창길 대표는 인천 개항로의 지역 자산을 조사해보고 지역의 역사적 배경뿐 아니라 기술과 재주가 뛰어난 노포가 상당수 존재함을 인지했다. 그는 "과거와 현재가 공존하는 개항로", "과거의 기억을 공유하는 개항로", "시간의 가치를 고스란히 안고 있는 노포"를 모토로 MZ세대가 좋아하는 성향에 맞춰 개발하면 성공 가능성이 상당하겠다고 판단했다.

그는 직접 조사를 통해 인천 중구에 업력이 40년 이상 유지되는 노포가 60개 이상이나 된다는 것을 발견했다. 한 자리에서 오랫동안 유지해 온 점포인 노포는 지역의 살아있는 역사인 동시에 남들이 쉽게 카피할 수 없고, 복제가 불가능한 그 지역만의 콘텐츠였다. 40~50년 넘게 장사를 해온 분들의 축적된 시간에서 우러나오는 경험과 노포 특유의 인테리어가 주는 감성, 그리고 어르신들이 장기간 지속해온 나름의 방식들은 쉽사리 따라 할 수 없는 것들이었다.

이창길 대표는 이런 지역 배경을 바탕으로 거기에 맞는 콘텐츠를 개발해나갔다. 첫 번째로 그는 국내에서 쫄면이 처음 만들어진 인천의 공장을 방문하여 새로운 협업을 시작했다. 그는 쫄면을 이용하여 젊은이들이 좋아하는 방식의 새로운 음식을 개발하자고 제안했고, 이후 10명의 크루들과 더불어 점포를 매입하고 음식점으로 개조하여 새로 개발한 메뉴들을 선보였다.

또한, 인천 개항로 골목에 온 가족이 동시에 즐길 수 있는 식당이 부족함을 느끼고 옛날 추억의 통닭집을 본떠 '개항로 통닭'을 오픈하였다. 더불어 인천 지역을 대표할 수 있는 지역 맥주를 만들기 위해 인천 맥주 공장과 협의하여 인천 내에서만 판매되는 '개항로 맥주'를 개발, 개항로 통닭과 함께 판매하기 시작했다. 이렇듯 추억이 가득한 장소에 옛날 통닭과 맥주가 어우러지자 이곳은 전 세대가 함께할 수 있는 공간이 되었다.

'개항로 맥주'의 성공을 위해 이창길 대표는 다양한 시도를 했다. 사양 산업이

끝맛이 좋아야
라거다
酒
개항로
개항로

개항로

된 극장 간판 제작업계에서 은퇴한 70대 어르신을 홍보 포스터의 모델로 기용하여 레트로 분위기를 살렸다. 60년 넘게 목간판을 제작해온 전원공예사 사장님께는 '개항로' 글씨와 함께 '개항로 맥주'의 로고를 캘리그라피(손글씨)로 써달라고 부탁드렸다.

개항로의 성공 전략

인천 토박이인 이창길 대표는 유년 시절 추억이 깃든 고향에서 '개항로 프로젝트'를 시작했다. 그는 영국 유학 시절, 영국이 한국과 지형도 비슷하고 처한 상황도 비슷함을 인식했다. 그가 영국에서 가장 부러워했던 것은 세대와 무관하게 20대부터 80대까지 모두가 어울릴 수 있는 공간이 많다는 점이었다. 몇백년 된 역사적인 건물도 많았고, 그런 역사적 공간들을 보며 그는 우리나라에도 오랜 역사가 느껴지는 공간이 있었으면 좋겠다고 생각했다.

한국 귀국 후 그는 제일 먼저 제주도에서 '스테이 사업'을 시작했다. 100년이 넘은 집을 리모델링해 '제주독채펜션'으로 만드는 작업을 했고, 이후 자신의 고향 인천으로 복귀했다. 인천의 젊은이들이 고향을 떠나 다시 돌아오지 않는 현실을 보고 개탄한 그는, 원도심이었던 개항로의 골목길 상가가 공동화(空洞化)되는 현상을 오히려 기회로 여겼다. 이후 그는 5명의 동료(크루, crew)를 모으고, 그들과 함께 인천 지역의 옛 영광을 다시 찾기로 합의했다.

이창길 대표는 자신의 비즈니스 전략의 핵심은 "철학과 시간은 카피되지 않는다"는 점이라고 하였다. 그가 개항로 프로젝트를 성공시킨 데는 여러 요인이 있었다. 그가 가장 우선시한 것은 누구도 카피할 수 없는 콘텐츠를 제작하는 것이었다. 이창길 대표는 "누구도 카피할 수 없는 것이 '시간과 철학'이다"라고 말했다. 그는 오랜 시간 노포를 운영해 온 어른들의 시간과 철학은 누구도 따라 할 수 없다고 여기고, 노포 어른들과의 협업을 진행했다. 실력 있는 노포 어른들의 노하우와 개항로프로젝트 크루의 트렌디함을 더해 '올드&뉴'라는 새로운 정체성을 만들었다.

또한, 그는 지역 커뮤니티와의 신뢰 구축에 힘썼다. 처음에는 그의 낯선 시도에 지역 주민들의 거부감과 경계심이 있었다. 하지만 이창길 대표와 크루들은 협업의 진행이나 이해관계에 상관없이 외로운 독거노인들에게 화분을 선물하여 정서적 위로를 제공하기도 하고, 지역 공동체에 대한 봉사에도 적극적으로 참여했다. 지역 거주민들에게 다가가려는 그들의 노력은 지역 주민들의 호감도 상승으로 이어졌고, 사업에 대한 공감도 또한 높아졌다.

이창길 대표는 젠트리피케이션 방지를 위한 직접 매입 전략도 펼쳤다. 그는 "한참 고민을 해보니 젠트리피케이션을 해결할 수 있는 가장 큰 해결책은 가게 주인이 자기 건물을 가지고 장사를 하는 것"이라고 하였다. 이는 이 지역이 구도심이라 건물이 상대적으로 저렴했기 때문에 가능한 전략이었다.

그는 크루 선정에도 신경을 썼다. 프로젝트 시작에 앞서 크루를 먼저 모집한 그의 기준은 본인과 최소 5년 이상 알고 지냈으며, 가치관이 잘 맞는 사람이었다.

하지만 무엇보다 중요한 것은 지역에 대한 깊은 이해였다. 이창길 대표가 개항로 지역을 새롭게 탈바꿈시킨 원동력은 그가 인천에서 태어나 초등학교-중학교-고등학교를 나온 인천 출신이라는 점이었다. 로컬크리에이터가 반드시 그 지역 출신일 필요는 없지만, 지역을 변화시키고자 한다면 반드시 그 지역을 잘 알아야만 성공할 수 있다고 그는 강조했다.

이창길 대표의 도전과 성장

이창길 대표의 프로젝트가 항상 순탄하게 진행된 것만은 아니었다. 처음 시작은 다섯 명의 크루로 시작했고, 프로젝트 형태도 합자나 합작이 아니었다. 프로젝트에 적합한 부동산을 보게 되면, 고정비용 절감을 위해 매입 후 추진하는 방식으로 진행했는데, 매입 과정에서 어떤 크루는 부동산을 매입하여 개발 차익만 취하고 장사를 하지 않는 경우도 있었다.

이런 시행착오 끝에 이창길 대표는 프로젝트의 진행 방식에 약간의 변화를 주었다. 즉, 이창길 대표를 위시한 서너 명의 주요 크루만 기획책임자인 MD(머천다이징 디렉터)를 하고, 그 컨셉에 맞는 사람이 크루로서 투자하고 참여하도록 한 것이다. 이는 로컬브랜드의 일관성과 컨셉을 유지하기 위한 고육책이기도 했다.

노포와의 협업도 처음에는 쉽지 않았다. 노포의 어르신들을 찾아가 협업을 제의했으나 상당 기간 거절이 연속될 뿐 협업은 쉽지 않았다. 그런 과정에서 이창길 대표는 어른들과의 소통에 대해 중요한 깨달음을 얻었다.

"어르신들과 얘기하다가 어느 순간 깨우쳤어요. 그분들 20대 때의 삶과 저의 20대 때의 삶이 완전히 다르잖아요? 그분들 20대 때의 대한민국은 전쟁 중이었거나 살기 어려웠을 때였고, 저희는 해외여행 자유화가 되고 어느 정도 여유있게 살게 된 세대잖아요? 그러니까 그 차이가 엄청난 거예요."
이러한 차이를 인식한 후, 그는 접근 방식을 바꿨다.
"나중에는 그걸 알고 그분들의 입장에서 한 번 더 생각하고, 행동하니까 소통하기가 훨씬 편해졌던 것 같아요."
그는 근처를 지날 때마다 어르신들께 인사드리고, 술집이나 밥집에 일부러 찾아가서 먹으며 소위 '얼굴도장'을 찍는 등 기본적인 관계 형성에 노력했다. 그런 과정을 통해 그는 단지 비즈니스를 위한 목적만이 아니라, 지역에 대한 애정을 가지고 진심으로 대해야 함을 깨달았다.

진정성과 연대로 만든 인천 개항로의 부활 스토리

이창길 대표의 개항로 프로젝트를 통해 몇 가지 중요한 교훈을 얻게 되었다. 우선 지역 공동체에 스며들기 위해서는 무엇보다 진정성이 바탕이 되어야 하며, 겸손하게 임해야 한다는 점이었다. 때문에 그는 지역 주민들과의 관계 형성에 많은 시간과 노력을 들였다.

또한, 지역 공동체에 스며들기 위해서는 공동체에 어떤 형태로든 기여해야 한다는 사실도 깨달았다. 단순히 비즈니스만 하는 것이 아니라, 지역사회와 연대하며 지역에 실질적인 도움을 주는 활동이 필요했다.

이밖에 로컬브랜드가 지속 가능성을 가지려면 느슨한 연대의 커뮤니티 홍보도 중요했다. 그러기 위해서는 지역 공동체와 공감대가 형성되어야 하고, 지역을 떠나서 'Old & New'라는 기본 개념에 공감하고 호응하는 자발적 커뮤니티의 참여가 필수적이었다.

로컬크리에이터에게는 기업가 정신과 함께 의사결정의 리더십이 필수적이다. 이창길 대표는 사업 추진에 있어 유연성을 유지하면서도 프로젝트의 방향성 유지를 위해, 필요할 때는 결단력 있는 변화를 추구하였다.

또한, 로컬크리에이터는 지역의 역사성, 특이성, 지역다움을 포괄하여 활용하고 응용할 수 있는 기획력을 갖춰야 한다. 이창길 대표는 인천 개항로가 가진 지역 특유의 독특한 역사와 정체성을 인식하고 이를 브랜드 자산으로 활용했다. 무엇보다도 로컬크리에이터는 그 지역을 사랑하는 사람이어야 한다. 이창길 대표의 경우도, 인천에 대한 깊은 애정이 프로젝트의 근간이 되었다.

"이제는 굳이 서울에서 돈을 벌지 않고 다른 지역에서 돈을 벌어도 돈 버는 액수가 비슷하다고 생각하니까 똑똑한 친구들이 지금 로컬로 떠나는 거잖아요? 예를 들어 요즘 서울 성수동에서 내가 카페를 창업하려면 얼마가 필요할까요? 권리금, 보증금, 인테리어 비용 등등 엄청나죠. 그 정도 규모의 자금이 있다면 차라리 로컬에 가서 내 건물, 내 가게를 가질 수도 있는 거 아닌가요?"

개항로프로젝트는 카페 '브라운핸즈', 카페 '라이트하우스', 참기름 방앗간 비빔밥 집 '파랑새방앗간', 동남아 식당 '매콩사롱', '개항면', 햄버거 '레바논버거', 선술집 '개항로 통닭', '제물포어묵', 복합시설 '개항로본부', '인천맥주 호랑이' 등 다양한 공간을 만들어내며 인천의 새로운 랜드마크로 자리매김하였다.

인천 개항로는 이제 단순한 관광지가 아닌, 역사와 현대가 조화롭게 공존하는 활기찬 공간으로 재탄생했다. 이는 이창길 대표라는 한 로컬크리에이터의 통찰력과 실행력이 있기에 가능했다. 지역 활성화와 재탄생에 로컬크리에이터의 역할이 그만큼 중요함을 보여주는 사례라 하겠다.

개항로 고깃집

02

서핑 하나로
도시를 살린
양양 서피비치

YANGYANG

강원도 양양군 현북면에는 이국적 분위기가 물씬 풍기는 '서피비치(Surfyybeach)'
라는 해변이 있다. 야자수 그늘막과 해먹이 있고, 해변 백사장에는 음악이 흘
러나오는 맥주 가게가 있어 마치 동남아의 여유로운 여행지에 온 듯한 착각을
불러일으킨다. 이곳은 국내 최초의 '서핑 해변'으로, 단조롭고 척박하던 양양
해변을 연간 190만 명이 넘는 사람들이 찾아와 여가를 즐기는 명소로 변모시
켰다.

2015년 7월에 문을 연 서피비치는 첫해 방문객이 1만 명에 불과했지만, 서핑
강습과 비치 요가 등 다양한 비치 활동을 운영하면서 방문객이 점점 증가했
다. 특히 2016년부터 야간에 '코로나 선셋 페스티벌'을 열게 되면서 젊은 층으
로부터 열렬한 관심을 받았다. 2016년에는 28만 명으로 늘어났고, 2022년에
는 서핑 인구의 폭발적인 증가와 함께 무려 190만 명이 넘는 관광객이 찾는 서
핑 명소가 되었다. 현재는 여름 성수기가 아닌 9~10월 주말에도 7,000~8,000
명이 방문할 정도로 인기를 끌고 있으며, 서퍼들의 천국으로 주목받고 있다.

서피비치의 박준규 대표는 "양양에 보라카이 같은 멋진 해변을 만들고 싶었다"고 말한다. 그는 한국의 젊은 여행객들이 그렇듯 해외의 멋진 해변을 다니며 다양한 경험을 했지만, 한국의 해변은 어딜 가나 여전히 파라솔과 튜브만으로 가득한 것이 아쉬웠다. 그는 서피비치를 통해 동해안이 외국 어떤 바다보다 더 멋진 곳이 될 수 있다는 것을 보여주고 싶었다고 한다.

박 대표는 대학 졸업 후 서울에 있는 광고회사에서 일하다가 창업을 했으나 창업 2년 만에 실패를 겪었다. 이후 신용카드사 자회사에 취업한 그는 2011년 부산으로 내려가 해운대에서 추진된 '스마트 비치' 사업에 참여했다. 이 경험을 통해 그는 해안과 식당, 클럽, 호텔 등을 조합하면 소비자에게 더 복합적이고 좋은 서비스를 제공할 수 있겠다는 아이디어를 얻었다.

같은 시기에 강릉시 경포대 해변을 방문했을 때, 그는 해운대 해변에서 흔히 볼 수 있었던 공연과 맥주, 그리고 태닝을 즐기는 젊은이들의 모습이 동해안에서는 보이지 않음을 새삼 깨달았다. 그는 이런 차이점에서 오히려 무한한 가능성을 느꼈고, 이를 계기로 그는 아무 연고도 없는 동해안에서 새롭게 사업을 시작하게 되었다.

박준규 대표는 '양양의 보라카이'라는 컨셉을 잡고, 서핑에 빠진 사람들이 서울을 떠나 언제든지 서핑을 즐길 수 있는 바닷가를 만들고자 하였다. 또한, 여행을 좋아하는 MZ세대의 취향을 고려해 '한국스럽지 않은' 해변을 만드는데 중점을 두었다.

2013년에 첫 사업계획서를 쓰기 시작한 그는 2015년 7월에 마침내 서피비치의 문을 열었다. 당연히 양양군에서 해변(300m) 사용허가도 받았다. 뿐만 아니라 양양 해변은 군사지역이라 군과 관청의 허가도 받아야 했으며, '어디 한 번 해보던가?'라는 식으로 의심 어린 지역사회의 시선도 극복해야 했다. 이런 여러 어려움을 극복해낸 그는 지역사회에 보란 듯이 성공적으로 진입했다.

서피비치에서 배우는 지역 콘텐츠의 힘

서피비치 성공의 핵심은 낮과 밤의 균형에 있다. 박준규 대표는 인기 여행지가 되기 위해서는 주간과 야간 콘텐츠가 모두 중요하다고 보았다. 그는 보라카이나 발리 등에 흔한 비치 파티를 양양 해변에 응용했다. 운이 좋았던지 때마침 2017년 서울-양양고속도로가 개통되면서 접근성도 크게 좋아졌다. 그러자 MZ 세대와 수도권을 중심으로 여름에는 양양에서 서핑하고 파티하는 분위기가 유행처럼 퍼져나가기 시작했다.

서피비치의 성공은 해안가 주변 음식점과 숙박시설에도 큰 변화를 가져왔다. 이전에는 연중에 고작 여름 성수기 45일 정도만 손님을 받던 업체들이 200일 이상 손님을 받게 되자 시설 투자를 시작했다. 상권이 활기를 띠면서 현재 서피비치 주변에는 젊은 층의 감성과 취향에 맞춰 깨끗하게 리모델링한 숙박시설과 상점들이 눈에 띄게 늘어난 상태다.

박준규 대표는 지역의 인구 소멸 문제를 해결하기 위해서는 젊은이들이 지역에 와서 생활할 수 있는 여건이 조성되어야 한다고 말한다. 마땅한 직장을 찾지 못하면 창업을 할 수밖에 없는데, 사전 지식도 없이 막연히 창업했다가는 실패하기 일쑤고 자칫하면 빚을 갚는 데만도 오랜 시간이 걸린다. 그래서 그는 지역에서 창업, 취업하려면 로컬을 이해하고 자신이 거기서 무엇을 할 수 있는지 잘 살펴봐야 한다고 조언한다. 또한, 창업에 필요한 교육과 사전 점검을 겸해 미리 실행해 볼 수 있는 시간과 공간이 필요하다고 말한다.

양양군의 인구는 2018년부터 증가 추세에 있다. 서핑 인구도 매년 증가하여 2019년 18만2,500명에서 2022년 46만9,560명으로 늘었다. 서핑 산업의 경제 효과도 2019년 228억 원에서 2022년 657억 원으로 크게 증가했다.

위기를 기회로 전환한 서피비치

서핑에 대한 일반적인 오해 중 하나는 '한국에서 제대로 된 서핑을 즐길 수 있을까?'하는 점이다. 그러나 박준규 대표의 말에 따르면, 의외로 한국에서는 1년 중 약 180일 정도가 서핑하기 좋은 파도가 들어온다고 한다. 이는 서핑 천국으로 불리는 하와이의 와이키키 해변이나 발리와 비슷한 수준이다.

서피비치가 처음부터 서핑을 콘셉트로 시작한 것은 아니었다. 양양의 해변에 매력을 느끼고, 현지를 관찰하면서 해변 지역에 필요한 것이 무엇일까를 심사숙고한 결과였다. 박준규 대표는 양양이라는 바다와 군사작전지역이라는 공간 특성을 고려하면서 지역 소멸을 해결하는 방향에 대해 깊이 고민했다. 바다라는 지역 특성을 살리면서 방문객들에게 더 깊은 인상을 줄 수 있는 매력적인 공간에 대해 고민했을 때 그는 그늘막, 서핑, 페스티벌 이 세 가지를 떠올렸다. 사람들이 지속적으로 찾아오는 곳이 되려면 주간 콘텐츠가 있어야 하고, 방문에서 그치지 않고 지역에 머물다 가게 하기 위해서는 야간 콘텐츠도 필요하다고 생각했다.

서피비치가 널리 알려지게 된 계기는 '코로나 선셋 페스티벌'이었다. 그는 행사 개최를 위해 세계적인 맥주 브랜드인 '코로나 엑스트라'와 제휴를 추진하였고, 3년간의 노력 끝에 마침내 2017년 8월에 페스티벌을 개최하게 되었다. 축제의 성공적인 개최로 서피비치는 '대한민국 최초의 서핑 전용 해변'일 뿐만 아니라 '이국적 페스티벌 비치'로 각인되었다.

서피비치의 미래

서피비치는 소비자들에게 입장료를 받지 않으면서도 수익을 낼 수 있는 비즈니스 모델을 구축했다. 박준규 대표는 '코로나 선셋 페스티벌'의 성공적인 개최 이후 많은 기업들과 제휴를 맺어 사업 운영비를 마련했다. 현재 서피비치의 제휴사는 28개에 이른다. 그의 목표는 제휴사들을 통해 직원 급여와 회사 운영비를 해결하는 것이다. 그렇게 되면 손님들의 입장료 수입에 크게 의존하지 않아도 되기 때문이다.

서피비치에서는 특정 브랜드를 곳곳에서 확인할 수 있다. 1층 라운지에는 '코로나 선셋바'가 있는데, 코로나 본사 측에서 라운지 건축 비용을 부담하였고, 또한 매년 광고비도 제공받고 있다. '코로나 선셋바'는 전 세계에 12개가 있는데, 그중 하나가 양양 서피비치에 있다. 한국에서 판매되는 코로나 맥주의 약 30%가 서피비치에서 소비된다고 하며, 아시아의 단일 매장 중에서도 가장 많이 판매고를 올리고 있다.

서피비치를 찾는 관광객들은 소정의 비용으로 서핑 강습을 받을 수 있는 '서프 스쿨(surf school)'과, 선베드 등 편의 시설을 이용할 수 있는 '서피패스 존(surfyy pass zone)'을 이용할 수 있다. 서핑스쿨은 강습이 진행되므로 당연히 비용이 있고, 서피비치 해변 자체에 들어가는 '입장료'는 무료이지만 선베드, 해먹 등 핵심시설을 이용할 수 있는 서피패스는 1만 원의 비용을 받고 있다. 여기에는 무료 음료 한 잔도 포함되어 있어 소비자 입장에서 보면 부담은 크지 않은 편이다. 하지만 서피비치 외의 지역은 관광지라 물가는 비싸다는 평이 있다.

박준규 대표는 서피비치가 상업적인 브랜드가 아닌 하나의 지명으로 인식되기를 바란다. 그래서 서피비치에는 특별한 간판 없이 모래사장에 꽂힌 서핑보드로 위치를 표시하고 있다. 아이러니하게도 이 서핑보드가 꽂힌 나무판은 방문객들의 포토존으로 유명해졌고, 노란색 서핑보드는 서피비치의 시그니처가 되었다.

서피비치는 지역 커뮤니티와의 상생도 중요시한다. 해변 편의시설은 마을이 운영하도록 하고, 지역 주민들에게 매월 일정 금액을 지원하고 있다. 또한, 마을 발전기금을 통해 매월 마을회 주민들에게 매월 50만 원씩 나눠드리는 것을 목표로 하고 있다.

환경 보호 또한 서피비치의 중요한 가치다. 수입된 병맥주의 빈 병이 재활용되지 못하고 거의 모두 땅에 묻힌다는 사실을 알게 된 박준규 대표는 경기도

이천의 '청파요'와 협업하여 빈 병을 컵으로 재활용하는 프로젝트를 진행하고 있다.

하지만 서피비치의 성공에 바람직한 모습만 존재하는 것만은 아니다. 서피비치와 양양 서핑 문화의 급속한 성장 이면에는 간과할 수 없는 사회적 이슈들도 존재한다. 갑작스러운 관광객 증가로 인한 교통 체증, 주차 문제, 쓰레기 증가 등 환경적 부담이 커졌다. 또한, 외지인의 유입과 유흥문화로 인한 부작용에 대한 우려와 함께 일부 지역 주민들은 소음과 환경오염에 대한 민원을 제기하기도 했다. 여기에 개발 붐으로 인한 부동산 가격 상승은 지역 원주민들의 주거 부담을 가중시켰다는 지적도 있다. 특히 상업적 개발이 가속화되면서 양양 고유의 지역성과 자연환경이 훼손될 수 있다는 우려의 목소리도 커지고 있다.

그러나 이러한 사회적 이슈들은 급격한 성장 과정에서 나타나는 과도기적 현상으로, 서피비치의 지역 활성화 성공 자체를 부정하는 것은 아니다. 어찌 보면 이러한 이슈들은 성공적인 지역 혁신 이후에 자연스럽게 등장하는 문제들로서 지속 가능한 발전을 위해 풀어야 할 후속 과제로 여겨진다. 서피비치 측에서도 환경 문제 해결을 위한 'Zero Trash Beach' 캠페인이나 지역사회와의 협력 체계 구축 등을 통해 이러한 이슈들을 해결하고자 노력하고 있다. 이는 지역개발과 환경 보전, 관광객과 지역 주민 간의 조화를 위한 별도의 논의 과정이 필요함을 시사한다.

서피비치의 성공 스토리는 지방소멸 위기에 처한 많은 지역에 시사하는 바가 크다. 지역의 고유한 자연환경과 문화 자산을 창의적으로 활용하고, 청년들의 새로운 라이프스타일을 접목한다면, 작은 도시도 다시 활기를 되찾을 수 있다는 희망을 엿볼 수 있다. 동시에 이러한 성공이 지속가능하려면 단순한 경제 활성화를 넘어 균형 잡힌 접근이 필요하다는 교훈도 함께 제공한다.

박준규 대표는 서피비치의 설립과 운영에 있어 세 가지 핵심 가치를 중요시한다. 첫째, 방문하는 모든 손님에게 로망을 주고 사랑받는 것, 둘째, 함께 일하는 동료들이 양양뿐만 아니라 어디서든 행복하게 살 수 있도록 하는 것, 셋째, 세상에 도움을 줄 수 있는 일을 하는 것이다. 이 세 가지를 핵심 가치로 지켜나가는 이유는 서피비치가 100년 이상 지속적으로 운영되기를 바라는 마음이 있기 때문이다.

박준규 대표는 지역에서 오래 기업을 유지하려면 기업 스스로가 먹고살 수 있어야 한다고 주장한다. 서핑 강습을 초보자들을 대상으로 하는 이유는 더 많은 사람들에게 서핑을 알리기 위해서다. 서피비치는 지역 상권을 독점하기보다 서핑을 즐기고 싶은 이들에게 이 지역을 널리 알려 플랫폼 역할을 하는 것이 자신들의 역할이라고 생각한다.

박준규 대표는 이를 위해 서핑 강습뿐 아니라 요가클래스 등 프로그램 확장에도 신경쓰고 있다. 해변에서 자연과 함께 진행되는 요가를 통해 서핑을 즐길 수 없는 동절기에는 요가와 명상을 제안하고 싶다고 한다. 발리의 우붓처럼 요가로 유명한 휴양지를 만드는 것이 목표다. 강원도의 다양한 곳에서 요가 수업을 진행하다가, 콘텐츠가 자리를 잡으면 서피비치에서만 진행하고 다른 지역은 다른 사람들이 운영할 수 있도록 기회를 주고 싶다고 한다.

서피비치는 로컬크리에이터의 대표적인 성공 사례로 동해와 양양 해변에 이전까지 존재하지 않았던 새로운 로컬문화를 창조해냈다. 이는 이국적인 분위기와 자기 취향을 중요시하는 2030 세대를 중심으로 새로운 놀 거리를 찾는 이들에게 폭발적인 반응을 얻고 있어 동해안의 새로운 매력을 창출한 사례로 여겨진다.

03

역사에
청년 감성을 입힌
수원 행궁동

SUWON

수원의 전통과 '힙(Hip)'한 공존

수원 팔달구 행궁동은 1795년 조선 정조 때 수원화성과 화성행궁이 완공되면서 상업과 행정의 중심지로 번영했던 곳이다. 유네스코 세계문화유산으로 지정된 수원화성을 품은 이 역사적인 지역은 오랫동안 수원의 자부심이었다.

그러던 중, 1970~90년대 영통과 광교 등 신도심이 개발되면서 구도심인 행궁동의 유동인구는 급감했다. 2010년대 초반에는 빈집과 노후 한옥이 늘어나고, 골목 상가의 공실률이 33%까지 치솟았다(수원시 자료). 수많은 관광객이 이 지역에 머물기보다는 화성과 행궁만 둘러보고 떠나는 경우가 대부분이라 행궁동은 과거의 영화는 뒤로 한 채 '스쳐 지나가는 곳'으로 전락했다.

그런 행궁동에 변화가 생긴 것은 2017년. 주식회사 공존공간이 '행궁동 유휴공간 발굴 프로젝트'를 시작하면서 지역에 새로운 바람이 불기 시작했다.

2024년까지 한옥과 2층 주택 12동이 카페, 공유 오피스, 양조장 등으로 재탄생했고, 골목 매출은 2019년 대비 48% 상승했다(수원도시재단 상권 보고서). 이제 행궁동은 젊은이들에게 '스쳐 지나는 공간'이 아니라 '머물고 싶은 공간'으로 변모하고 있다.

사업 초기 직면했던 어려움과 극복

많은 로컬크리에이터가 그렇듯 박승현 대표 또한 사업 초기 자금 조달에 큰 어려움을 겪었다. "처음 시작할 때 당시에는 대출 여건이나 지원 프로그램 같은 게 잘 갖춰지지 않았을 때여서 자금 조달이 어려웠어요. 약 2년간 돈 모아 놓은 저축과 소상공인 대출 500만원을 받아가지고 시작했지요."

행정기관의 지원도 턱없이 부족했다. "행정기관으로부터 규제 해소나 법률변경 등의 도움은 전혀 없었죠. 아무래도 행정기관 역시 정해진 법규나 기존에 있는 어떤 사업을 진행했던 프레임이 있다 보니 쉽게 바꾸기는 어려웠겠죠. 어쨌든 초기에 그런 도움이 있었다면 큰 도움이 되었을 텐데 저로서는 아쉬운 부분입니다."

이러한 어려움 속에서도 특별히 주목할 만한 점은 지역 인재 확보 전략이다. "제가 일을 시작할 무렵에 사회적 경제, 사회적 기업에 대한 인식이 확대되는 시기였어요. 사회적 경제는 아시다시피 기존의 사회에서 '좀 더 뭔가 혁신적으로 일을 한다'라는 이미지가 있었는데, 그런 문화가 생긴다는 점에서 젊은 청년들의 관심이 많았던 거 같아요."

'공존공간'의 지역 활성화 방법

박승현 대표가 이끄는 '공존공간'은 행궁동의 변화를 위해 지역 기반의 통합적 접근법을 개발했다. 특히 박 대표는 원주민이라는 정체성을 활용해 지역 주민들과 소통을 원활하게 이어나갔다. "저는 원래 여기 원주민이어서 주민들의 반감 같은 건 없었어요. 간혹 주민 중 누군가가 '누구야? 어디서 왔어?'라고 물어보면 '저 고물상 앞집 손주 누굽니다.'라고 얘기하면 그냥 넘어갔으니까요."

'공존공간'은 단순한 공간 개조를 넘어 문화 기획에 중점을 두었다. "처음 진행할 때부터 철저하게 문화 기획을 했어요. 어떤 공간을 개조한다거나 새로 오픈할 때 아티스트들을 초청해서 행사를 열고, 동네 주민 누구라도 오다가다 참석할 수 있도록 자연스럽게 초대를 했지요. 막걸리 한잔하며 즐거워들 하시고 집으로 또 가시고 그런 게 계속 반복되었죠."

얼핏 평범해 보일 수도 있지만, 이러한 접근법은 지역경영회사(LMC) 모델을 통해 체계화되었다. 공존공간은 단순 임대나 브랜딩을 넘어 골목 전체를 하나의 기업처럼 경영하는 시스템을 구축했다. 박승현 대표는 '행;그라운드(공유오피스)', '팔딱산(모던한식)', '신도시양조회(양조장)' 등 다양한 브랜드를 직접 운영하며 행궁동만의 독특한 브랜드 생태계를 조성했다.

지역 자산의 창의적 활용

행궁동의 역사적·문화적 자산은 공존공간의 창의적인 시선으로 새롭게 태어났다. 버려져 있던 노후 한옥과 2층 주택들이 카페, 식당, 오피스로 변신하면서 지역의 공실률은 33%에서 15%로 크게 줄어들었다. 이러한 변화는 단순한 외관의 변화가 아닌, 지역 활력을 되찾는 중요한 시작점이 되었다.

팔달산과 시장 골목의 지리적 특성을 살린 '팔딱산' 브랜드는 지역 정체성을 재해석한 좋은 사례다. 로컬 식재료를 활용한 특색 있는 메뉴 개발로 2024년에는 월 매출 1.6억 원을 기록하며 새로운 명소로 자리매김했다. 방문객들이 단순히 음식을 즐기는 것을 넘어 지역의 이야기를 함께 맛볼 수 있게 된 것이다.

칼떡산

수원화성과 행궁동의 역사성 역시 새롭게 재해석되었다. 단순히 보고 지나치는 관광이 아닌, 스토리 워크숍과 한옥 스테이 코스를 통해 역사를 직접 체험할 수 있는 프로그램이 마련되었다. 이런 노력 덕분에 방문객들의 평균 체류 시간은 3.1시간[10] 으로 늘어났고, 더 깊이 있는 문화 체험이 가능해졌다.

'행;그라운드'는 청년 메이커와 스타트업의 놀이터가 되었다. 이곳에 입주한 청년 창업가들은 팝업 마켓 등을 통해 다양한 아이디어를 펼치고 실행하는 기회를 얻었다. 2025년 3월 기준으로 약 30개의 청년 팀이 이곳에서 꿈을 키우고 있으며, 그들의 열정은 행궁동에 새로운 에너지를 불어넣고 있다.

수원 행궁동의 지역 활성화 성공 방정식

박승현 대표는 지역에 대한 깊은 이해와 애착을 바탕으로 행궁동의 변화를 이끌었다. 수원화성이라는 지역 문화유산을 기반으로 경제학적 시각과 디자인 감각을 결합해 수원 화성 일대를 생기 넘치는 공간으로 변모시켰다.

특히 그는 로컬크리에이터 생태계 구축에 있어 지속 가능한 비전을 강조했다. "중간에 그만두고 다른 일로 가는 경우가 많아요. 보통 중간지원 조직으로 가거나 행정으로 가거나 이런 경우가 많지요. 이전에 '마을 만들기', '도시재생', '문화도시'에서 일하던 사람들이 도구처럼 쓰이곤 해서 실망이 컸어요. 만약 지역 활성화가 잘 진행된다고 한다면, 적어도 그런 전철을 되풀이하지 말아야지요."

그는 실질적인 경제적 지원의 중요성도 강조했다. "예를 들면 '문화 기획자 양성' 과정을 가르치지만, 정작 문화 기획자로서 돈을 벌 수 있는 방법은 알려주지 않았어요. 2024년 현재 로컬크리에이터는 '기획자'나 '사업자'가 될 수 있게끔 교육을 실시하고 있는데 예전처럼 도구적 활용이 되지 않게 하려면 실질적으로 돈을 벌 수 있게끔 도움을 줘야 한다고 생각해요. 물론 대출이나 투자를 포함해서요."

박 대표의 성공 방정식은 '역사성'과 '현대적 비즈니스'의 절묘한 균형에 있다. 전통 주택을 카페, 공유 오피스, 심지어 양조장으로 재탄생시키며 다양한 브랜드 포트폴리오를 구축했다. 특히 주목할 점은 데이터 기반 접근법이다. 그는 이 기법을 통해 100여 개 점포의 매출 데이터를 분석하여 상권 구성을 최적화하였다.

공존공간이 직접 운영하는 6개 점포는 지역 특성에 맞는 비즈니스 모델의 실험장이 되었다. 그는 여기에서 얻은 노하우를 30여 개 청년 창업팀과 공유하며 상권 전체의 활력을 높였다. 이는 단순한 건물 리모델링을 넘어 '지역경영회사(LMC)' 모델을 통한 체계적인 지역 활성화의 새 패러다임을 제시했다.

10) 수원도시재단 '행궁동 상권 분석 리포트', 2024.

박승현 대표의 행궁동 프로젝트는 고향에 대한 애착, 경제학적 시각, 디자인 감각이 만나 수원화성이라는 문화유산 주변을 생기 넘치는 공간으로 되살려 낸 사례로 볼 수 있다. 이는 문화유산을 활용한 지역 재생의 의미 있는 모델을 보여주고 있다.

결과적으로 박승현 대표의 행궁동 활성화 전략은 '지역성×문화×지속 가능성'의 결합이라는 핵심 방정식으로 요약할 수 있다. 그는 원주민으로서의 정체성을 십분 활용해 지역 주민들과 자연스럽게 소통하며 유대관계를 잘 형성하였다. 동시에 혁신적인 사회적 경제 모델을 도입해 젊은 인재들을 유치하는 데 성공했다. 이는 성공적인 지역 안착뿐 아니라 로컬브랜드의 지속 가능성과 확장성을 넓혔다는데 큰 의의가 있다. 특히 단순한 공간 개조가 아닌 문화적 기획에 중점을 둔 그의 접근법은 행궁동이 활기찬 공간으로 변모하는 데 큰 역할을 했다.

현재 행궁동은 단순한 관광지를 넘어 역사와 현대가 공존하는 문화 공간, 청년들의 아이디어가 꽃피는 창업 생태계, 그리고 지역 주민들의 일상이 조화롭게 어우러지는 '살아있는 도시'로 거듭나고 있다. 전국 곳곳이 문화유산인 우리나라의 특성상, 역사적 가치를 현대적 감각으로 재해석한 수원 행궁동은 성공적인 로컬크리에이터의 사례로 시사하는 바가 크다.

짜 엽 서

04

청춘의 꿈을
실험하는 무대,
충주 세상상회

CHUNGJU

지방소멸 도시 충주를 살리는 청년 창업의 현장

충청북도 충주는 역사적으로 수도권과 영남권을 잇는 중요 거점이었다. 특히 성내동 지역은 조선 시대에는 충청도의 도청이 있던 곳으로, 남한 제2의 도시라고 자처할 만큼 번화했던 곳이었다. 하지만 현재는 원도심 지역이 쇠퇴하면서, 이제는 빈 점포와 낡은 건물들만 남은 쇠락한 곳이 되었다.

이런 안타까운 상황을 바꾸기 시작한 것이 바로 '세상상회'다. 이상창 대표가 2020년 5월에 오픈한 이 카페는 충주시 성내동 관아길 골목에 위치하며, 관아공원 안쪽으로 사람들을 끌어모으고, 새로운 골목 생태계를 만들어가는 '앵커 스토어'가 되었다.

과거에는 담배 연기로 가득했던 충주 관아골 골목이지만, 현재는 구수한 커피향이 가득하다. '세상상회'는 일제강점기에 일본인이 살았던 적산가옥과 한국인 거주자가 어머니를 모시려고 지은 집, 이 두 채의 건물을 연결하여 지은 카페다. 건물 본연의 형태는 유지하면서 최소한의 인테리어만 가미한 것이 특징이다. 그렇게 탄생한 이 공간은 단순한 카페가 아닌 지역의 문화와 사람을 연결하는 교류의 장소가 되었다.

이상창 대표의 세상상회와 보템플러스 협동조합이 2018년부터 시작한 담장마켓을 현재까지 지속해왔다. 이들은 단순히 물건을 사고파는 장터의 개념을 넘어, 지역의 문화적 교류와 상권 활성화를 목표로 하였는데 2025년 6월에는 대만과의 콜라보로 이어져 글로벌하게 진행되었다.

'세상상회'의 선한 오지랖

'세상상회'는 청년들이 꿈을 실험하고 협력하는 커뮤니티를 지향한다. 이상창 대표는 도시재생 컨설턴트로 일했던 경력을 바탕으로 충주시 도시재생사업에 참여를 한 경험이 있다. 이를 계기로 충주에 대한 애정을 키우게 되었고, 결국 지역에 정착까지 한 케이스다.

이상창 대표는 '세상상회'를 로컬 허브이자 로컬크리에이터들의 '부캐(부업) 아지트'라고 부른다. "충주의 모든 로컬크리에이터는 각자만의 사업장을 갖고 있습니다. 그게 주캐(주 캐릭터, 본업)이고 직업입니다. 로컬크리에이터는 제 직업이 아니라 '직함'입니다"라고 그는 설명한다. 이어서 그는 "제가 일을 너무 좋아합니다. 하지만 제 일만 열심히 하는데 그치지 않고 충주 지역에 관심이 가더라고요. 그게 바로 오지랖인 거죠. 나 하나만 잘 되는 거보다 청년들이 다 같이 부흥할 수 있는 관아골을 만들고 싶었습니다"라고 덧붙였다.

이상창 대표는 처음에 '세상상회'를 시작하면서 아무 것도 없이 제로 베이스에서 다시 시작하자는 마음으로 임했다. 그렇게 마음을 비우고 시작하여 지금에 이르렀다. 현재 도시재생사업이나 청년 가게 지원사업 등으로 관아골 주변에는 약 20여 개의 가게가 있는데, 주위에서는 이 대표가 중간다리 역할을 잘했다고 평가한다.

이상창 대표는 "로컬크리에이터는 기본적으로 지역사회에서 건강한 매개자 역할을 하고자 하는 DNA가 탑재되어 있어야 한다"고 믿는다. 그는 "살맛 나고 오고 싶은 맛이 나는 지속 가능한 '로컬살이'를 위해서는 선한 오지랖을 부려야 한다"고 생각한다. 누가 시키지 않아도, 특별한 이득이 없어도 건강한 매개자 역할을 하는 사람의 선한 오지랖. 바로 로컬크리에이터의 일이다.

이상창 대표는 "익숙한 로컬 우물 생태계가 아닌 로컬 밖 개구리가 새롭게 로컬을 바라보는 관점"이 중요하다고 강조한다. "도시와 그 지역의 자원을 재발견, 재해석할 수 있는 관점은 '익숙하지 않음'으로부터 나온다"는 그의 철학은 충주 관아골 활성화의 핵심이 되었다.

충주에서 배우는 '청년'이라는 자원의 활용법

'세상상회'의 사례는 '청년'이라는 인적 자원이 지역 활성화에 어떤 역할을 할 수 있는지 생생하게 보여준다. 이상창 대표는 충주시 관아골에 어떤 가게가 있으면 좋을지, 어떤 청년들이 들어오면 좋을지 고민을 많이 했다. 관아골에 처음 온 청년들이 어떤 공간에서 어떻게 시작해야 할까를 고민할 때, 이 대표는 지원사업에 관한 정보와 도시재생사업의 경험을 바탕으로 도움을 주었다. 이상창 대표가 활동하는 '보템플러스 협동조합'은, 박진영 PD가 대표를 맡고, '로컬종합상가 복작'의 유순상 대표와 '세상상회'의 이상창 대표가 함께 이사

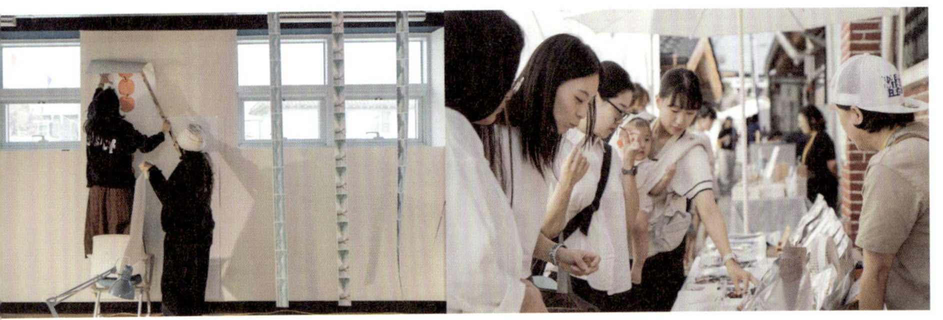

로 있는 협동조합이다. '보템플러스'의 박진영 대표는 한국관광공사의 관광두레 PD를 겸직하고 있고, 골목여행사 '로컬로'를 운영하고 있다. 박진영 대표는 "저에게 관아골은, 처음부터 지금까지 늘 숨 쉬고 즐겁게 일할 수 있는 곳"이라고 말한다.

'로컬로'는 골목을 주로 탐방하는 로컬 여행사로, 고객의 취향에 맞춘 1:1 맞춤형 여행 정보와 통합적 서비스를 온·오프라인으로 제공하고 지역 청년 및 지역 원주민들과 함께하는 여행 융합 프로그램이다. 또한, 지역 주민들과 네트워크할 수 있는 '장'을 제공하는 로컬 전문 여행사이다.

'로컬종합상가 복작'은 1988년도에 만들어진 여인숙을 리모델링해서 2023년 6월 재오픈한 공간으로 7개의 상업시설이 입점해 있다. '복작'이란 상호는 좁은 곳에 많은 사람들이 모여 수선스럽게 들끓는 모양을 뜻하는 순우리말 '복작거리다, 복작대다'에서 따왔으며, '福作(복이 만들어지는 곳)'이라는 이중적 의미를 담고 있다.

우범지대가 축제의 장소로

'세상상회'가 들어오기 전의 관아골은 해가 떨어지면 아무도 다니지 않는 유령도시 같은 곳이었다. 충주의 도시 외곽은 확장되고 있는 반면에 이곳 관아골 구도심은 더욱 쇠퇴하고 있었다. 주변의 집들도 많이 비어있어 매물 또한 꽤 많은 상황이었다. 쇠락한 골목에 비어있는 집이 많아 우범지대나 마찬가지였다.

이상창 대표와 그의 동료들은 이 거리를 변화시키기 위해 2020년 6월부터 '담장'이라는 마켓을 시작했다. 처음에는 '세상상회' 카페와 패브릭 공방인 '제이플래닛' 두 곳밖에 없는 상황에서 골목길을 서로 연결하고 벼룩시장(플리마켓, flea market)을 시작했다. 이 마켓이 점점 커지면서 현재는 판매자(셀러, seller)가 전국에서 찾아오고 있다.

마켓의 규모가 커지면서 이후 '담장'이란 이름으로 관아골 골목이 홍보되고 브랜딩이 되었다. 플리마켓이 유명해지자 지방자치단체에서 지원을 제안했지만, 이상창 대표는 지원 기관의 이름이 들어가는 순간 그것은 지역 커뮤니티의 것이 아니라는 생각에 거절했다. 플리마켓을 개장한 이유가 돈을 벌려는 목적이 아니라 골목을 알리기 위한 목적이라는 사실을 더 명확히 한 것이다.

비즈니스 경험이 부족한 청년들을 위해서는 선배 창업가 멘토링 프로그램을 마련했다. 이러한 노력으로 이 거리는 이제 주말이면 가족 단위 방문객으로 붐비는 활기찬 공간으로 탈바꿈했다. 초기에는 청년들이 몇 명 되지 않았지만, 현재는 약 30명의 청년이 이 공간에서 활발하게 활동하고 있다.

이상창 대표는 이 변화를 "아무것도 없었던 관아골 골목에 한 '오지라퍼'가 찾아왔습니다. 같은 성향의 마음이 맞는 몇 명의 '선한 오지랖' 덕분에 골목 식구들이 모이게 되었습니다."라고 표현한다. 유순상 대표는 "커뮤니티란 혼자서는 할 수 없는 일들을 함께 이루어 낼 수 있는 곳입니다. 시너지가 발생하고, 지원을 서로 주고받을 수 있는 공간이지요."라고 설명한다. 박진영 대표는 "우리 커뮤니티는 모든 일의 경계를 초월하여, 협업을 통해 새로운 것을 창조하고 다음 단계로 나아가는 곳"이라고 말한다.

세 대표의 비전과 열정이 모여 만들어낸 세상상회와 보템플러스 협동조합은 이제 관아골의 상징적인 문화 공간으로 자리매김했다. 한때 우범지대로 불리던 거리가 이제는 창의와 협업의 에너지로 가득한 가족 축제의 장소로 다시 태어난 것이다.

지속 가능한 지역 활성화를 위한 과제

이상창 대표는 거대한 목표를 세우기보다는 초심을 잃지 않고 꾸준하게 진행하고 싶다고 한다. 충주 관아골의 이미지를 좋게 만들어서 다음 세대에게 잘

전달해주고 싶은 것이 그의 목표이다.

이상창 대표는 "인기가 많던 곳이 어느 한순간에 인기가 사라지고 방문객이 줄어드는 건 앵커 스토어였던 유명 가게나 상점이 갑자기 빠져나가기 때문"이라며 지역 골목과의 협업이 중요하다는 것을 강조한다. 그렇게 해서 자연스럽게 지역 골목이 오래 유지되어 지속 가능하도록 만들고, 이런 지역 상권이 계속 더 형성되기를 바라고 있다.

이상창 대표는 "브랜딩이란 추진력을 잃지 않고 무언가를 지속적으로 홍보하는 것이다. 개인 브랜드와 골목 브랜딩은 함께 성장한다고 생각한다. 골목이 없다면 '세상상회'도 존재하지 않을 것이고, '세상상회'가 없다면 골목도 존재하지 않을 것"이라고 설명한다.

한편, 충북 로컬크리에이터 생태계는 2018년 7명의 로컬크리에이터들이 모여 시작됐다. 6년 동안 충북 로컬은 외부인에 대한 '환대'와 그리고 같은 길을 가는 사람들의 '연대'의 정신을 바탕으로 더 많은 이들과 함께 새로운 길을 가고자 다양한 실험과 여행을 거듭하고 있다. '앤퐁당(pongdang)'은 이 과정에서 탄생한 브랜드로서 충북의 특성이 조화롭게 담긴 충북 고유의 브랜드로 자리매김하고 있다.

세상상회와 보템플러스 협동조합, 그리고 충북의 로컬크리에이터들은 "뜨거운 장소(Hot Place)보다 따뜻한 장소(Warm Place)"를 지향하며, 모두가 함께 성장하는 지역 커뮤니티를 만들어 가고 있다.

민화
연구소
누치 비누
010-2269-5239
안쪽에 '무인판매기' 운영 중
2F
감영길
창작＋공
010-252
The Art of
봉황로
Bonghwang-ro

05

로컬크리에이터가
일으킨 원도심의 변화,
공주 제민천

백제 도읍지에서 교육의 도시로

충남 공주의 제민천은 금학동에서 발원하여 금강으로 흐르는, 길이 4.2km, 폭 5m 안팎의 작은 하천이다. '백성을 구제한다'라는 뜻을 가진 제민천은 공주의 역사와 함께해 왔다. 백제 시대 왕도 형성부터 공주목 관아, 충청감영 등 고려와 조선시대 주요 관청 건물이 있었고, 근대에 와서는 공주시청, 공주고, 공주여고, 공주의료원 등 주요 시설들이 모두 제민천 주변에 자리 잡았다. 아이들의 놀이터이자 아낙들의 빨래터였던 제민천은 공주 시민들의 삶과 밀접하게 연결되어 있었다.

공주는 일제강점기와 근대화 과정에서 '교육 도시'로 명성을 얻었다. 개화기 때부터 선교를 위한 학교들이 세워지고 초·중등 교원 양성기관이 일찍 설립되면서 외지 학생들이 몰려들었고, 1970년대 제민천 일대에는 하숙 마을이 형성되었다. 제민천 주변은 늘 교육과 문화의 중심지로서 활기를 띠었다.

원도심의 쇠퇴

그러나 공주는 두 가지 큰 위기를 맞이하게 된다. 첫 번째는 1900년대 초반, 경부선과 호남선이 공주를 비껴가면서 철도 교통의 혜택을 받지 못한 것이다.

작은 시골 마을이었던 대전이 철도 개통을 계기로 급격히 성장하면서 1932년에는 충남도청이 공주에서 대전으로 이전했고, 이후 지방법원과 지방검찰청 등 여러 행정기관이 대전으로 옮겨갔다. 그러면서 공주는 충남의 중심 도시로서의 위상을 잃어갔다.

두 번째 타격은 1980년대, 금강 너머 신관동이 신시가지로 개발되면서 시작되었다. 주민들과 상업시설이 제민천변을 떠나 금강을 건너가자, 제민천 주변 원도심은 활력을 잃고 점차 쇠퇴했다. 사람들 왕래가 활발하던 제민천 주변은 어느새 모기가 들끓고 악취가 나는 오염된 하천으로 변모했다. 한때 번화했던 거리는 빈 상가들이 늘어나고, 건물들은 노후화되었으며, 젊은 층의 유출로 인구 고령화가 심화되었다.

지역 재생의 움직임

2000년대 중반, 공주시와 시민들은 제민천을 생태하천으로 복원하기 위한 노력을 시작했다. 제민천 주변 하수도를 정비하고 오염원 유입을 차단했으며, 제민천 상류에 저류지와 습지, 침전지를 조성해 자연정화 시스템을 구축했다. 산책로와 징검다리를 놓고 꽃을 심는 등 환경개선 사업이 추진되었다.

2014년 제민천 생태하천 조성공사가 완료되면서 맑은 물이 흐르기 시작했고, 물고기가 돌아오고 새들이 찾아오는 등 생태계가 복원되었다. 이를 계기로 방치되어 있던 원도심 건물들에 새로운 활력을 불어넣는 로컬크리에이터들이 하나둘 모여들기 시작했다.

봉황재, 한옥 스테이와 문화공간의 시작

2015년, 공주 제민천 변화의 전도사 역할을 한 권오상 대표는 공주 봉황동에 있는 한 한옥에 매료되어 15년간 근무하던 경기관광공사를 퇴사하고 게스트하우스 '봉황재'를 열었다. 작은 골목에 위치한 봉황재는 외관만 보면 평범한 오래된 집처럼 보이지만, 문을 열고 들어서면 아기자기한 마당과 예쁜 처마가 있는 새로운 세계가 펼쳐진다.

봉황재는 단순한 숙박시설을 넘어 지역 활성화의 거점으로 자리 잡았다. 이곳은 게스트하우스뿐만 아니라 공유 사무실, 와인샵 등 다양한 형태로 활용되며 지역 방문객들과 주민들에게 색다른 경험을 제공한다. 특히 원도심의 역사와 문화를 체험할 수 있는 프로그램을 운영하여 관광객들이 마을의 매력을 직접 느낄 수 있도록 했다.

권오상 대표는 봉황재를 시작으로 제민천 일대 전체를 활성화하기 위한 목표를 가지고 있었다. 그는 '마을 호텔' 개념을 도입하여 원도심 전체를 하나의 큰 단지로 보고, 마을 곳곳의 공간들이 호텔처럼 유기적으로 연결될 수 있도록 '퍼즐랩'이라는 커뮤니티 기반 지역경영회사(LMC)를 설립했다.

가가책방: 숨겨진 서재 같은 문화공간

권오상 대표의 비전에 영감을 받은 서동민 대표는 서울의 스타트업에서 도서 큐레이션을 하다가 '봉황재'에 머물렀을 때 공주의 매력에 빠져 2019년 이주를 결정했다. 그는 자신의 경력을 살려 공주 반죽동에 '가가책방'이라는 독특한 서점을 열었다. '가가책방'은 '집에 있는 책방'이라는 의미로, 일반적인 서점과는 달리 서재 같은 공간으로 디자인되었다.

가가책방은 공주 원도심의 재료들을 활용해 지역과 하나가 된 공간으로 조성되었다. 이곳은 단순히 책을 파는 공간을 넘어 마을의 구심점 역할을 하며, 다양한 문화 서비스와 라운지 서비스를 제공한다. 봉황재와도 연계하여 서점 기행을 위해 방문한 사람들에게 종합적인 문화 경험을 제공하고 있다.

가
가
상
점

권오상 대표가 이끄는 퍼즐랩은 이러한 다양한 로컬 비즈니스들이 서로 연결되고 시너지를 만들어낼 수 있도록 지원하며, 제민천 일대 전체가 하나의 통합된 테마파크처럼 기능할 수 있는 생태계를 구축하고 있다.

공주 지역의 독특한 특성과 이주자의 정착 경험

지역 텃세는 낯선 지방에 정착하려는 이주민들이 종종 겪는 어려움 중의 하나다. 그런데 권오상 대표가 공주에 정착하는 과정은 일반적인 지방 소도시의 경험과는 달랐다. 공주에서 그는 지역 텃세보다는 오히려 '긍정적인 무관심'이라는 독특한 환경을 경험했다.

"처음 지역에 정착하여 집집마다 인사하며 돌아다니고 지역 커뮤니티에 적응하려고 노력을 했었는데 못 본 척하기도 했고, 어쩌면 방관하는 듯하였으나 돌이켜 생각해보면 그게 좀 긍정적인 무관심이었던 거 같다."라고 권오상 대표는 말한다. 공주 지역의 이러한 특성은 그가 자유롭게 자신의 사업을 펼치는 데 도움이 되었다.

권오상 대표는 일반적인 지역 커뮤니티와 공주의 차이를 이렇게 설명한다. "지역 기반 커뮤니티가 잘 되어 있는 동네, 특히 시골 같은 경우는 외지에서 누가 나타나면 어디서 뭘 하던 사람인지, 우리 동네에서 뭘 할 것인지 물으며 미심쩍어해요. 또 지역 커뮤니티에 참여하라는 등 나름의 심리적 압박이 있습니다. 이 지역은 좀 특수한 경우예요."

공주 제민천 지역에는 이미 여러 이주민이 자리 잡고 있었고, 이들은 개인의 프라이버시와 자신들만의 스타일을 존중하면서도 필요할 때 서로 도울 수 있는 느슨한 네트워크를 형성하고 있었다. 이러한 환경은 권오상 대표가 자신의 사업을 추진하는 데 큰 도움이 되었다.

"제가 오기 이전에 이미 먼저 이주해서 자리를 잡고 계신 분들이 많았어요. 따라서 내가 원하는 일, 하고 싶은 일을 추진할 때 먼저 자리 잡은 분들에게 조언을 구할 수가 있었지요. 필요할 때마다 적절한 인력들을 소개해주서서 인재들을 적재적소에 배치하여 진행할 수 있었어요. 저는 운이 좋은 케이스였어요. 정말 다행이지요."

이주자를 위한 지역 스며들기 교육

권오상 대표는 지방으로 이주하려는 사람들을 위한 중요한 교훈을 제시한다. 그는 "처음 이주한 사람들이 자주 범하는 실수는 지역 정착에 대해 너무 낙관적으로만 생각한다는 거예요. 지역에서 마주할 현실은 간과한 채 말이지요. 구체적으로 무엇을 어떻게 하겠다는 고민 없이, 지역 주민들이 우호적일 것이라는 막연한 생각으로 덜컥 집이나 부동산을 사는 게 그런 경우죠."라고 지적한다. 그의 설명에 따르면, 이런 경우 오히려 지역 주민들이 이주민에 대해 반감을 갖기도 해서 적대시하거나 왕따를 시켜 쫓아내는 경우도 왕왕 있다고 한다.

그래서 그는 지역에 이주하려는 사람들에게 "지역에 정착하려면 지역에 대한 스터디가 필요하다."고 강조한다. "지역 주민들의 성향이 어떤지 역사적으로 어떤 일들을 겪었는지, 그래서 주변인들을 어떻게 대하는지 등을 알아야 대처할 수 있다."라는 것이다.

더 나아가 "중장년, 시니어, 은퇴자 혹은 예비 은퇴자 중 지역으로 이주를 원하는 사람들을 대상으로 지역 적응 교육이 필요하다."라고 제안하며, "교육도 중요하지만, 현재는 중간지원조직이 중간다리 역할을 해주는 게 가장 좋을 듯하다."라고 조언한다.

새로운 시각으로 지역을 바라보기

인터뷰에서 권오상 대표는 로컬크리에이터를 "전통적이거나 예측 가능한 방식이 아닌 다른 방식으로 지역을 자기만의 방식으로 바라보고 해석하고 본인만의 비즈니스 모델을 창조하는 사람"이라고 정의한다. 이러한 정의는 그가 공주 제민천 지역을 활성화하는 과정에서 보여준 접근 방식과 일치한다.

권오상 대표는 기존의 관광 개발 방식이 아닌, 마을 전체를 하나의 분산된 호텔로 바라보는 '마을 호텔' 개념을 도입했다. 이는 지역의 역사와 문화를 보존하면서도 새로운 경제적 가치를 창출하는 혁신적인 접근법이었다.

또한, 그는 봉황재를 시작으로 가가책방, 체스넛프랜즈 등 다양한 로컬 비즈니스들이 서로 연결되어 시너지를 만들어낼 수 있는 생태계를 조성하고 있다. 이러한 접근법은 단순한 관광 개발을 넘어, 지역 주민들과 방문객들이 함께 참여하고 소통할 수 있는 살아있는 공동체를 만드는 데 기여하고 있는 것이다.

새로운 상생의 패러다임 제시

권오상 대표와 공주 제민천에서 활동하는 사람들은 쇠퇴한 원도심을 활성화하는 새로운 모델을 제시했다. 이들은 단순히 외부 자본과 관광객을 유치하는 데 그치지 않고, 지역의 역사와 문화를 보존하면서도 새로운 가치를 창출하는 방식으로 변화를 이끌었다.

특히 권오상 대표가 제시한 '지역 스며들기'의 접근법은 지역과 이주민이 함께 상생할 수 있는 새로운 패러다임을 보여준다. 그는 지역 주민들의 생활방식을 존중하고 그들과의 관계를 천천히 쌓아가면서도, 자신만의 독특한 시각으로 지역의 가치를 재발견하고 이를 창의적으로 활용했다.

공주 제민천은 이제 단순한 관광지가 아닌, 역사와 문화, 그리고 사람들의 이야기가 살아 숨을 쉬는 공간으로 재탄생했다. 이러한 변화는 지역에 대한 깊은 이해와 존중, 그리고 창의적인 접근법이 만나 이루어낸 결과이며, 다른 지역의 재생 프로젝트에도 중요한 시사점을 제공한다.

無名日記
CAUTION
HIGH VOLTAGE
DO NOT TOUCH

06

영도
무명일기 &
키친 파이브

YEONGDO

부산 영도는 한국 근현대사와 함께 발전해 온 중요한 지역이다. 특히 부산항의 발전과 더불어 조선업과 해운업의 중심지로서 번성했다. '대선조선소'를 비롯한 여러 조선소와 관련 산업체들이 밀집해 있었고, 항만 노동자들과 기술자들로 북적이며 활기찬 지역 경제를 이끌었다. 수많은 배가 건조되고 수리되었으며, 이는 영도의 상징이자 자랑이었다. 바다는 삶의 터전이었고, 지역 공동체는 끈끈한 유대감을 형성하며 풍요로운 시기를 보냈다.

하지만 1980년대 이후 조선업의 국제 경쟁 심화와 산업 구조 변화로 영도의 핵심 산업이었던 조선업은 점차 쇠퇴의 길을 걷게 되었다. 대부분의 조선소가 문을 닫거나 규모를 축소하면서 대규모 실직 사태가 발생했고, 이는 지역 경제에 큰 타격을 주었다. 일자리를 잃은 사람들은 영도를 떠나기 시작했고, 젊은 층의 유출이 심화되면서 영도는 인구 감소와 고령화 문제에 직면하게 되었다. 한때 활기찼던 봉래동의 보세 창고들과 같은 산업 시설들은 문을 닫고 유휴 공간(폐창고, 폐가 등)으로 방치되었으며, 지역 전체가 활력을 잃고 인구 소멸 위기 지역으로까지 거론되는 안타까운 현실에 놓였다.

이러한 상황 속에서 오재민 대표(키친파이브)와 김미연 대표(무명일기 공동 대표)와 같은 로컬크리에이터들의 활동은 영도에 새로운 희망의 불씨를 지피고 있다. 이들은 방치되었던 폐창고를 '무명일기'라는 매력적인 복합문화공간으로 탈바꿈시키고, '영도소반'처럼 영도의 역사와 이야기를 담은 콘텐츠를 개발하여 외면받던 지역에 사람들의 발길을 다시 끌어모으고 있다. 특히 '무명일기'는 연간 10만 명 이상이 찾는 앵커 스토어 역할을 하며 봉래동 창고 거리의 부활을 이끌었다. 더 나아가 오재민 대표는 폐바지선을 활용한 프로젝트를 통해 해양도시 영도의 정체성을 살린 새로운 방식의 도시재생을 시도하며 지역 활성화의 기대감을 더욱 높이고 있다.

버려진 공간에서 보물을 발견하다

오재민 대표와 김미연 대표의 성공 비결은 지역 자산과 사람들의 경험을 연결했다는 점에 있다. 단순히 건물을 예쁘게 고치는 것을 넘어 지역의 자산과 이야기를 엮어 매력적인 콘텐츠와 경험을 제공했기에 사람들을 모으고 연결할 수 있었다. 이를 통해 버려져 있던 지역 자산이 사람들을 모이게 하는 구심점이자 플랫폼 역할을 하게 되었다.

그들의 가장 성공적인 대표 사례는 영도 봉래동의 '무명일기'다. 이곳은 원래 1959년에 선박수리공업소로 지어졌던 폐창고를 복합문화공간으로 재탄생시켰다. 이들은 낡고 버려진 공간의 가능성을 발견하고, 단순한 카페가 아닌 색다른 공간 경험의 제공(인테리어, 아지트 분위기), 독창적인 F&B 콘텐츠 개발(영도 이야기를 담은 비건 도시락 '영도소반'), 로컬 기반 상품 큐레이션(전국 로컬브랜드 소개 및 자체 상품 개발), 문화 플랫폼 기능(전시, 공연 등 행사 개최)등을 결합했다.

'무명일기'는 높은 수준의 콘텐츠와 독특한 경험을 제공하며 입소문을 타기 시작했고, 인적이 드물었던 봉래동 물양장의 보세 창고 지역에 연간 10만 명 이상이 방문하는 핵심 명소, 즉 '앵커 스토어'로 자리 잡았다. 이는 단순히 한 공간의 성공을 넘어, 주변 상권 활성화와 다른 로컬크리에이터들의 유입을 유도하며 지역 전체에 활력을 불어넣는 촉매제 역할을 했다.

오재민 대표는 '무명일기'의 성공을 발판 삼아, 영도의 또 다른 유휴 자산인 폐바지선을 활용한 프로젝트를 추진하고 있다. 그는 생태문화콘텐츠 기업인 영도구의 '리케이온'과 협업하여 폐바지선을 부유식 해상정원으로 활용하는 방안을 고안하였다. 이 제안은 2023년 부산에서 열린 슬러시드(SLUSH'D) 행사에서 우승을 차지했다. 이는 방치된 채 처치 곤란이던 폐바지선을 해상 생태 정원이라는 혁신적인 아이디어로 재탄생시키고, 이를 통해 지속 가능한 도시재생 모델을 제시하였다는 점에서 국제적인 주목을 받으며 영도의 미래가치를 높이는 데 기여하고 있다.

무명일기와 키친파이브의 지역자산 바라보기

오재민 대표와 김미연 대표는 새로운 것을 만들어내기보다 이미 영도에 존재하고 있으나 잊혀지거나 활용되지 못했던 자산들의 가치를 재발견하고 이를 창의적으로 재해석하는 데 집중했다. 그들이 주목한 자산은 크게 물리적 자산과 무형적 자산으로 나눌 수 있다.

물리적 자산으로는 영도 봉래동의 1959년에 지어진 낡은 보세 창고와 선박수리공업소, 그리고 영도 물양장에 방치되어 있던 폐바지선 등 산업화 시대의 유산이 있었다. 이러한 공간들은 과거에는 영도 경제의 중심이었으나 조선업이 쇠퇴하면서 흉물처럼 버려져 있었다. 오재민 대표는 이 낡은 공간들이 지닌 역사적 가치와 특유의 분위기에 주목했다.

무형적 자산으로는 영도 특유의 장소성과 정체성이 있었다. 영도는 바다와 항만, 조선소가 있는 해양도시였고, 이러한 특성은 영도만의 독특한 이야기를 만들어냈다. 또한, 지역에서 생산되는 로컬 식재료, 지역 커뮤니티와의 네트워크, 그리고 오재민 대표 자신이 가진 영도와의 개인적 연결고리 또한 중요한 무형 자산이었다. 특히, 오재민 대표의 아버지가 영도에서 살았던 인연은 그가 영도를 단순한 사업 대상이 아닌 애정을 가진 공간으로 바라보게 했다.

이들은 기존에 있던 자산들을 다양한 방식으로 활용했다. 주로 폐창고와 폐바지선의 원래 구조와 역사성은 최대한 살리면서 현대적인 기능과 미학을 더해 새로운 용도의 공간으로 탈바꿈시키는 '적응적 재사용' 방식이었다. 무명일기는 낡은 창고의 노출 콘크리트 벽 외관과 철제 구조물은 그대로 살리면서도 내부는 아늑하고 세련된 인테리어를 하여 현대적인 문화공간으로 재탄생시켰다.

그는 영도의 역사와 이야기, 로컬 식재료 등을 활용한 콘텐츠 개발에도 힘썼다. '영도소반'과 같은 특별한 다이닝 경험은 단순한 음식 제공을 넘어 영도의 이야기를 맛과 경험으로 전달했다. 이처럼 지역의 자산을 스토리텔링의 소재로 활용함으로써 공간과 콘텐츠에 깊이를 더하고 방문객들과 정서적 유대감을 형성했다.

무명일기는 또한 큐레이션과 플랫폼 역할을 통해 자신들만의 콘텐츠를 넘어 전국의 다양한, 개성 있는 로컬브랜드 상품을 선별하여 소개하는 편집숍 기능과 함께 전시, 공연 등 다양한 문화 행사를 개최하는 문화 플랫폼 역할도 했다. 이를 통해 무명일기는 단순한 상업 공간을 넘어 사람들이 모이고 문화를 경험하고 교류하는 장소로 자리매김했다.

마지막으로 다양한 주체들과의 협업도 중요한 활용 방식이었다. 오재민 대표와 김미연 대표는 서로의 전문성을 결합한 파트너십을 형성했고, 생태문화콘텐츠기업 '리케이온', '영도문화도시' 등 다양한 지역 기관 및 기업들과의 협력을 통해 더 큰 시너지를 창출했다. 특히 폐바지선 프로젝트에서는 다양한 전문가들과의 협업을 통해 프로젝트의 완성도를 높였다.

이처럼 오재민 대표와 김미연 대표는 영도의 다양한 유·무형 자산을 창의적으로 재해석하고 활용함으로써 단순한 공간 개선을 넘어 지역의 가치를 높이고 새로운 문화적, 경제적 활력을 불어넣는 데 성공했다.

직면했던 어려움과 극복 과정

오재민 대표와 김미연 대표의 성공 뒤에는 수많은 어려움과 이를 극복해온 지난한 과정이 있었다. 두 대표는 처음 부산에서 충무김밥을 파는 푸드트럭을 운영하며 경영상의 어려움을 겪었다. 이를 극복하기 위해 로컬 투어와 지역 페스티벌에 적극적으로 참가하며 활로를 모색했고, 결국 불안정한 푸드트럭 사업에서 벗어나 안정적인 거점 공간을 확보하는 방향으로 사업 모델을 전환했다. 이러한 과정은 무명일기 설립의 중요한 계기가 되었다.

무명일기 운영 과정에서는 법적 제약이 큰 장벽으로 작용했다. 폐공장을 개조한 무명일기는 법적으로 카페가 아니었기 때문에 음료수를 판매할 수 없었다. 이에 대한 창의적인 해결책으로 무명일기 내부에 푸드트럭을 설치하고 그곳에서 음료를 만들어 판매하는 방법을 고안해냈다. 이는 법에 저촉되지 않는 범위 안에서 해결책을 찾아내는 오재민 대표의 전략을 잘 보여주는 사례였다.

행정기관의 규제와 제약은 지속적인 도전 과제였다. 오재민 대표는 처음 사회적 기업 육성사업으로 창업했지만, 갖춰야 할 사항과 제약이 너무 많아 어려움을 겪었다. "행정기관의 규제에 맞추려고 하니 내가 원하는 것들을 할 수가 없었다."라고 그는 토로했다. 실제로 사회적 가치가 있는 일을 하면서도 고용 유지, 회사 비전, 사회적 목적 등을 모두 증명하고 계산해야 하는 행정적 부담이 컸다. 그는 결국 "불법이 아닌 이상 '비법'을 어느 정도 유지하면서 더 이상 지원 없이 스스로 자생하며 내가 만들고 싶은 것을 만들어보자."라는 결론에 도달했다.

지역에서의 활동에도 또 다른 어려움도 있었다. 큰 창고 공간을 다양한 콘텐츠로 활성화하고 싶었지만, 위생 문제, 사업자등록 등 법률적 제약이 많았다. 이에 더해 도시재생 사업을 운영하는 큰 세력들과의 관계도 신경 써야 했다. 그는 "도시재생 사업을 운영하는 세력들이 지역과 지역의 소재들을 사유화하려고 하는데, 그들에게는 내가 눈엣가시일 수도 있다."라고 말했다. 이러한 상황에서도 그는 "가능한 한 부딪히지 않으려고 했다. 나는 그들에 관한 관심이 전혀 없었지만, 그래도 방어는 해야 하니 당연히 신경이 쓰일 수밖에 없었다."라고 털어놓았다.

또한, 쇠퇴한 지역에 대한 편견과 초기 투자 유치의 어려움도 있었다. 조선업 쇠퇴로 활력을 잃은 영도에 대한 부정적인 인식을 바꾸기는 쉽지 않은 일이었다. 그러나 오재민 대표와 김미연 대표는 포기하지 않고 차별화된 콘텐츠와 압도적인 공간 경험을 만들어 사람들이 '찾아올 이유'를 명확히 제시했고, 무명일기의 가시적인 성공을 통해 영도의 잠재력을 증명해 보였다.

물리적인 공간 조성에도 많은 어려움이 따랐다. 1959년에 지어진 낡은 창고를 리모델링하는 과정에서 구조적 문제, 예상치 못한 비용 발생, 각종 규제 등 기술적, 재정적 어려움이 많았다. 이를 해결하기 위해 오재민 대표는 디자인 전공자로서의 전문성을 살려 2018년 여름부터 약 6개월간 직접 내부 공사를 진행했다. 일반적인 비즈니스 관점에서는 비효율적일 수 있지만, 로컬크리에이터의 입장에서는 자신만의 세계관과 가치를 공간에 담아내기 위한 나름의 소신이자 고집이었다.

마지막으로 '재정적 지속가능성'의 확보도 중요한 과제였다. 오재민 대표는 로컬크리에이터와 소상공인들을 단순하게 구분하자면 로컬크리에이터는 "무조건 새로운 혁신이 동반되어야 한다."고 강조했다. 단기 수익만을 추구하기보다는 미래가치와 지역 활성화라는 공익적 목표를 함께 추구하면서도 재정적으로 지속 가능한 모델을 만들어야 한다는 것이다. 이를 위해 그들은 '영도소반' 같은 차별화된 콘텐츠로 높은 단가를 유지하고, 다양한 상품 판매 등을 통해 수익원을 다각화했으며, 외부 지원이나 협력 사업을 적절히 활용하는 균형점을 찾아갔다.

이처럼 오재민 대표와 김미연 대표는 다양한 어려움 속에서도 창의적인 해결책과 강한 의지로 장애물을 극복하며 영도에서의 로컬크리에이터 활동을 성공적으로 이어나갔다. 그들의 경험은 지역 활성화 과정에서 발생할 수 있는 여러 도전들을 예측하고 대응하는 데 중요한 시사점을 제공하고 있다.

오재민 대표의 고향은 부산이다. 그의 아버지가 영도에서 살았던 인연 덕분에 '영도에 대한 끌림'이 자연스럽게 생겼다. 이러한 개인적 연결고리는 단순한 사업적 판단을 넘어서 영도라는 지역에 대한 깊은 애정과 이해를 바탕으로 프로젝트를 진행하는 중요한 동기가 되었다. 비즈니스 기회를 넘어 이 지역은 오재민 대표에게 의미 있는 장소였기에, 그가 쏟는 열정과 헌신의 깊이가 남다를 수 밖에 없었다.

산업디자인을 전공한 오재민 대표는 대학 졸업 후 환경, 제품, 건축 등 다양한 영역에서 10여 년간 활동하며 풍부한 경험을 쌓았다. 2000년대 초 벤처붐 시기를 경험한 것도 그에게는 소중한 자산이 되었다. 이러한 다양한 분야의 경험들이 모여 지금의 '무명일기'와 '키친파이브'라는 공간과 프로젝트를 준비하는 기반이 되었다.

그가 영도를 활성화하고자 했던 이유는 여러 측면에서 찾을 수 있다. 가장 큰 이유는 앞서 언급한 아버지와의 인연에서 비롯된 개인적 애정이었다. 자신과 가족의 역사가 담긴 장소를 되살리고자 하는 마음은 흔들리지 않는 원동력이 되었다. 또한, 오재민 대표는 쇠퇴했지만, 여전히 남아 있는 영도의 산업 유산들—폐창고, 폐바지선 등—과 역사적 가치, 그리고 해양도시로서의 매력 등, 이 지역이 가진 숨겨진 잠재력을 발견했다. 이러한 자산들이 제대로 활용되지 못하고 방치되는 것을 보며, 이를 새롭게 재해석하고 활용할 가치가 있다고 판단했다.

더불어 조선업 쇠퇴로 인한 일자리 감소, 인구 유출, 지역 활력 저하 등 영도가 직면한 도시 문제들을 해결하는 데 자신의 역량으로 기여하고자 하는 의지도 컸다. 단순히 비즈니스 기회를 찾는 것을 넘어 지역사회에 실질적인 도움이 되는 프로젝트를 만들고 싶었던 것이다. 오재민 대표는 버려진 유휴 자원을 창의적으로 활용해 새로운 경제적, 문화적 가치를 창출하고, 이를 통해 지역 주민과 방문객 모두에게 긍정적인 영향을 줄 수 있는 가능성에 주목했다.

7. 현장에서 배우는 로컬크리에이터들의 교훈과 통찰

지금까지 살펴본 로컬크리에이터 사례들을 통해 몇 가지 공통된 성공 요인들이 눈에 띈다. 이들은 모두 지역이라는 특별한 무대에서 독창적인 가치를 창출해냈다.

공통적인 성공 요소

1. 지역 자산의 재발견

모든 성공 사례의 출발점은 간과되었던 지역의 자산을 새롭게 발견하고 가치화하는 것이었다. 인천 개항로의 이창길 대표는 오래된 건물과 지역 노포의 가치를 재발견했고, 양양 서피비치의 박준규 대표는 방치된 해변의 잠재력을 보았다. 영도의 무명일기와 키친파이브는 낡은 창고와 바지선에서 새로운 가능성을 찾아냈다.

2. 진정성 있는 접근

로컬크리에이터들은 단기적 이익이나 상업적 성공만을 추구하지 않았다. 충주 세상상회의 이상창 대표는 "로컬크리에이터는 기본적으로 지역사회에서, 건강한 매개자 역할을 해야 하는 DNA가 탑재되어 있어야 한다."라고 강조했다. 지역과 사람에 대한 진정한 관심과 애정이 사업의 근간이 되었다.

3. 커뮤니티 중심의 사고

이들은 단순한 비즈니스를 넘어 의미 있는 커뮤니티를 형성했다. 수원 행궁동의 박승현 대표는 지역 활성화를 위해 문화 행사를 열고 청년 창업가들과 네트워크를 구축했다. 이런 커뮤니티 중심 접근은 지속적인 참여와 성장을 이끌어냈다.

4. 융합과 협력

다양한 분야의 주체들 간의 협력이 시너지를 창출했다. 인천 개항로프로젝트는 노포의 기술과 청년들의 감각을 결합했고, 영도 무명일기는 디자인, 음식, 문화가 어우러진 복합 공간을 만들었다.

6. 점진적 접근

대규모 투자나 급격한 변화보다는 작은 성공을 쌓아가는 점진적 접근이 효과적이었다. 서피비치는 1만 명의 방문객으로 시작해 점차 110만 명이 찾는 명소로 성장했고, 충주 세상상회도 처음에는 소규모 플리마켓으로 시작해 점차 규모를 확장해 나갔다.

실패의 교훈과 대응책

1. 지역 이해 부족

지역의 특성, 역사, 문화에 대한 깊은 이해 없이 시작한 프로젝트는 대부분 실패한다. 공주 제민천의 권오상 대표는 "지역에 대한 스터디가 필요하다."라고 강조했다. 지역 주민들의 성향, 역사적 배경, 문화적 특성을 이해하는 것이 필수적이다.

2. 주민 참여 부재

지역 주민들의 참여와 지지 없이 외부 주도로만 진행된 프로젝트는 지속성을 갖기 어렵다. 인천 개항로프로젝트에서 이창길 대표는 지역 주민들과의 관계 형성에 많은 시간과 노력을 들였고, 이것이 프로젝트의 지속가능성에 크게 기여했다.

3. 단기적 성과 집착

빠른 성과를 내려는 조급함은 지속 가능한 발전을 저해한다. 충주 세상상회의 이상창 대표는 "거대한 목표를 세우기보다 초심을 잃지 않고 꾸준하게 진행하고 싶다."라고 말했다. 장기적 비전을 갖고 인내심을 가지는 것이 중요하다. 특히, 어쩔 수 없다고 하지만 행정의 경우 장기적 성과로의 시각적 변화가 필요하다.

4. 차별화 부족

다른 지역의 성공 사례를 그대로 모방하는 것은 경쟁력을 갖기 어렵다. 양양 서피비치의 박준규 대표는 한국에서 보라카이 같은 해변을 만들되, 한국적 특성과 양양만의 정체성을 살린 독특한 공간을 창조했다. 또한, 개항로프로젝트의 이창길 대표는 "서울을 따라하지 않는다."라고 공공연히 얘기하며 지역의 차별성을 강조한다.

5. 지속 가능한 수익 모델 부재

초기 지원이나 투자에만 의존하는 프로젝트는 장기적으로 유지되기 어렵다. 영도 무명일기의 오재민 대표는 "로컬크리에이터는 단순한 소상공인들과 구분되며, 무조건 새로운 혁신이 동반되어야 한다."라고 강조했다. 지속 가능한 수익 모델 설계가 필수적이다.

예비 로컬크리에이터들을 위한 실전 조언

1. 지역과의 관계 형성에 투자하라

지역 주민, 상인, 공무원 등 다양한 이해관계자와의 관계 형성은 성공의 기반이다. 공주 제민천의 권오상 대표는 처음에는 지역 주민들의 '긍정적 무관심' 속에서 천천히 관계를 쌓아갔고, 이것이 나중에 큰 자산이 되었다. 반대로 사사건건 주민분들의 간섭이 지속되는 경우도 꽤 많다. 어느 쪽이건 지역 주민들과의 유대 관계를 잘 유지하고, 융합되어야 하는 것은 확실하다.

2. 작게 시작하되 확장 가능성을 열어두라

초기에는 실험적이고 작은 규모로 시작하되, 성공 시 확장할 수 있는 구조를 설계해야 한다. 서피비치는 처음에는 작은 서핑 해변으로 시작해 점차 다양한 콘텐츠를 추가하며 규모를 확장했다.

3. 온라인과 오프라인을 연결하라

지역 기반 비즈니스라도 온라인 채널을 적극적으로 활용해 영향력을 확대할 필요가 있다. 충주 세상상회는 '담장'이라는 플리마켓을 통해 오프라인 커뮤니티를 형성하고, 이를 SNS로 확산시켜 전국의 셀러들이 찾아오게 만들었다. 스스로 온라인 홍보를 확장하지 않아도 양양 서피비치처럼 방문객 스스로가 SNS를 활용하여 홍보를 할 수 있도록 만들어 내는 게 더 중요하다.

4. 네트워크를 구축하라

다른 로컬크리에이터, 전문가, 지원 기관 등과의 네트워크는 정말 중요한 자산이다. 수원 행궁동의 박승현 대표는 약 30개의 청년 창업팀과 협력 네트워크를 구축해 지역 전체의 활력을 높였다. 인천 개항로 프로젝트도 지역의 노포와 협력을 구축하였고 공주 제민천, 충주 '세상상회'도 마찬가지이다.

5. 스토리텔링 능력을 키워라

지역과 프로젝트의 이야기를 매력적으로 전달하는 능력은 핵심 경쟁력이다. 영도 무명일기는 단순한 카페가 아닌, 영도의 역사와 이야기를 담은 공간으로 자리매김했다.

6. 인내심과 회복 탄력성을 갖추라

로컬 프로젝트는 시간이 걸리고 예상치 못한 어려움이 많다. 인내심과 역경을 극복하는 능력이 중요하다.

7. 자신의 삶과 비즈니스를 조화시켜라

로컬크리에이터로서의 활동이 자신의 삶의 방식과 조화를 이루도록 설계해야 한다. 충주 '세상상회'의 이상창 대표는 "이 일은 제 직업이 아니라 '직함'"이라고 표현하며, 자신의 삶과 로컬 활동이 유기적으로 연결되어 있음을 강조했다.

로컬에서 피어나는 새로운 가능성

이 장에서 살펴본 다양한 로컬크리에이터들의 이야기는 각기 다른 배경과 접근법을 가졌지만, 모두 '지역'이라는 토양 위에서 새로운 가능성을 발견하고 실현해 나갔다는 공통점이 있다.

인천 개항로의 이창길 대표는 버려진 건물에서 역사적 가치를, 양양 서피비치의 박준규 대표는 바다에서 새로운 라이프스타일을, 수원 행궁동의 박승현 대표는 전통 속에서 현대적 감성을, 충주 세상상회와 청년들은 커뮤니티의 힘을, 영도 무명일기의 김미연 대표는 스토리텔링을 통한 지역 복합 문화 공간을, 그리고 키친파이브 오재민 대표는 사회 문제를 해결하는 방향에서 예술적 영감을 발견했다.

이들의 이야기는 로컬크리에이터가 단순히 지역에서 비즈니스를 하는 사람이 아니라, 지역의 가치를 재발견하고 새로운 의미를 만들어내는 '창조자'임을 보여준다. 그리고 이 과정은 지역만이 아니라 로컬크리에이터 자신의 삶도 풍요롭게 변화시킨다는 것을 알 수 있다.

로컬에서의 활동은 결코 쉬운 길이 아니다. 그러나 이 장에서 만난 로컬크리에이터들의 이야기가 보여주듯, 그 도전 속에는 특별한 보람과 가치가 있다. 이들의 경험이 앞으로 로컬에서 새로운 가능성을 모색하는 이들에게 영감과 용기를 주기를 바란다.

· 당신이 생각하기에 이 장에서 소개된 로컬크리에이터들이 성공할 수 있었던 가장 중요한 요소는 무엇인가요? 그들의 개인적 특성? 지역의 특성? 아니면 다른 요소?

· 만약 당신이 로컬크리에이터가 된다면, 당신이 살고 있는 지역의 어떤 자원이나 특성에 주목하고 싶나요? 그것을 어떻게 창의적으로 활용할 수 있을까요?

· 로컬크리에이터들의 활동이 지역에 긍정적인 영향만 주는 것일까요? 혹시 부정적인 측면은 없을까요? (예: 젠트리피케이션, 관광객 증가로 인한 지역민의 불편 등)

실천 과제

· **당신의 지역 자산 맵 만들기:** 당신이 사는 지역의 물리적, 문화적, 인적, 사회적 자산을 목록으로 작성해보세요.

· **지역 로컬크리에이터 인터뷰:** 가능하다면, 당신의 지역에서 활동하는 로컬크리에이터를 한 명 이상 만나 이야기를 들어보세요. 그들의 경험과 통찰을 배울 수 있습니다.

· **마이크로 프로젝트 설계하기:** 당신이 발견한 지역 자산 중 하나를 활용한 소규모 프로젝트를 구상해보세요. 실제로 실행할 수 있는 작은 규모의 프로젝트가 좋습니다.

04

로컬크리에이터의
핵심 역량과 성장 비결

로컬크리에이터는 단순히 창업자나 예술가가 아닙니다.
지역과 사람, 과거와 현재, 전통과 혁신을
연결하는 '문화적 통역가'입니다.

앞 장에서는 다양한 지역에서 활동하는 로컬크리에이터의 실제 사례들을 살펴보았다. 각기 다른 분야와 방식으로 활동하는 이들이지만, 그들의 성공 스토리 속에는 공통된 요소들이 있다. 이 장에서는 로컬크리에이터가 갖추어야 할 핵심 역량과 성장 비결에 대해 알아보고자 한다.

로컬크리에이터의 성공은 단순한 열정이나 아이디어만으로 이루어지지 않는다. 지역성에 대한 깊은 이해, 창의적 비즈니스 기획력, 네트워크 구축 능력, 그리고 실패를 통해 배우는 회복 탄력성 등 다양한 역량이 종합적으로 필요하다. 이 장에서는 이러한 핵심 역량들을 구체적인 사례와 함께 살펴보고, 이를 어떻게 개발할 수 있는지 실질적인 방법을 제시하고자 한다.

1. 지역성(Locality)의 발견과 활용법

지역 자산 맵핑(mapping)

지역성이란 무엇일까? 쉽게 말해 그 지역만이 간직한 고유한 특성으로, 자연환경, 역사, 문화, 산업, 사람 등 다양한 자산의 총체를 의미한다. 성공적인 로컬크리에이터는 이러한 지역 자산을 예리한 시선으로 발견하고, 이를 창의적으로 재해석하여 새로운 가치를 창출할 수 있어야 한다.

지역 자산은 크게 네 가지로 분류할 수 있다.
첫째, 물리적 자산이다. 해변, 산, 강과 같은 자연환경부터 역사적 건축물, 특산물, 버려진 공간 등 눈에 보이는 자산들이 여기에 해당한다.

둘째, 문화적 자산이다. 마을의 깊은 역사, 세대를 거쳐 이어진 전통, 주민들의 삶이 녹아든 축제, 입에서 입으로 전해지는 이야기, 할머니의 손맛이 담긴 음식 등 유형, 무형의 자산이 이에 해당한다.

셋째, 인적 자산이다. 지역 주민들의 숙련된 기술, 오랜 시간 축적된 지식, 삶의 지혜가 담긴 경험, 서로를 지탱하는 네트워크 등이 이에 해당한다.

넷째, 사회적 자산이다. 끈끈한 유대감으로 맺어진 지역 공동체, 오랜 시간 쌓아온 신뢰 관계, 함께 일구어낸 협력 구조 등이 여기에 속한다.

구분	지역 자산
물리적 자산	자연경관, 역사적 건물, 특산물, 공간 등
문화적 자산	지역 역사, 전통, 축제, 이야기, 음식 등
인적 자산	지역 주민의 기술, 지식, 경험, 네트워크 등
사회적 자산	지역 공동체, 신뢰 관계, 협력 구조 등

이러한 자산을 발견하고 분석하는 과정을 '지역자산 맵핑(mapping)'이라 일컫는다. 효과적인 지역자산 맵핑을 위한 방법은 다음과 같다.

① 직접 걷고 관찰하기

가장 기본적이면서도 중요한 방법은 직접 지역을 걸으며 관찰하는 것이다. 때로는 호기심 가득한 관광객의 시선으로, 때로는 그곳에 뿌리내린 주민의 시선으로, 다양한 각도에서 지역을 바라보는 것이 중요하다.

골목길을 걷다 보면 낡은 간판의 글씨체, 특정 가게에서만 풍기는 냄새, 주민들의 정겨운 대화 소리, 담벼락의 이끼와 말을 거는 듯한 담쟁이덩굴. 아침엔 장사 준비에 바쁜 모습이, 저녁엔 지친 발걸음으로 귀가하는 사람들의 모습이 같은 공간에 다른 풍경을 만들어내곤 한다. 이러한 세밀한 관찰이 잊혀가는 가게의 이야기, 특정 골목의 독특한 분위기, 주민들의 생활 방식을 발견하게 해주는 것이다.

② 역사와 이야기 수집하기

지역의 역사책, 신문 기사, 문헌 등을 찾아보는 것도 중요하지만, 더 중요한 것은 지역 어르신들의 구술 이야기를 수집하는 것이다. 오랫동안 그 지역에 살아온 주민들의 기억 속에는 공식 기록에 남아 있지 않은 소중한 이야기들이 담겨 있기 마련이다.

양양 서피비치의 박준규 대표도 지역 어르신들과의 대화를 통해 과거 해변의 모습과 변화 과정을 이해했고, 이는 그의 비즈니스 모델에 중요한 영감을 주었다. 눈에 보이는 화려한 경관만이 아니라, 그 속에 담긴 사람들의 기억과 이야기는 로컬 비즈니스가 가질 수 있는 특별한 개성이자 진정한 경쟁력이 된다.

③ 지역 커뮤니티 참여하기

지역 축제, 주민 모임, 시민단체 활동 등에 참여하면서 지역 공동체의 역동성과 지역 주민의 니즈(needs)를 파악하는 게 중요하다. 이 과정에서 지역 주민들과의 상생 및 협력 관계도 형성할 수 있다.

충주 '세상상회'의 이상창 대표는 처음 충주에 정착했을 때 지역 주민들의 모임에 꾸준히 참석하며 그들의 니즈와 문화를 이해하려 노력했다. 이렇게 쌓인 관계가 이후 '담장' 플리마켓을 성공적으로 운영할 수 있는 기반이 되었다.

인구 통계, 경제 지표, 관광 데이터 등 객관적인 자료도 지역을 이해하는 데 중요한 도구이다. 이를 통해 지역의 현황과 트렌드를 파악할 수 있기 때문이다.

수원 행궁동의 박승현 대표는 상권 분석 데이터를 적극적으로 활용하여 방문객의 특성, 소비 패턴, 체류 시간 등을 분석했다. 이를 바탕으로 '행;그라운드'와 '팔딱산' 등의 브랜드를 적절히 배치하여 방문객들의 동선을 최적화하는 전략을 수립할 수 있었다.

1) 지역 자산 + 창의력 = 무한한 가능성

지역 자산을 발견했다면, 이제 이를 창의적으로 활용하여 새로운 가치를 창출하는 과정이 필요하다. 앞서 소개한 ABS 모델은 이러한 가치 창출 과정을 이해하는 데 유용한 틀을 제공할 것이다.

Actor

로컬크리에이터 자신의 정체성과 역량이다. "나의 전문성, 관심사, 네트워크 능력은 무엇인가?", "내가 이 지역에서 무엇을 할 수 있을까?" 등의 질문을 통해 자신의 강점을 파악하는 것이 중요하다.

Business

지역 자산을 활용한 비즈니스 모델이다. 지역 자산과 나의 역량을 결합하여 구체적인 사업 모델을 구상한다. 이 과정에서 지역성을 보존하면서도 현대적 감각을 더 해 경쟁력을 확보하는 것이 핵심이다.

Support

행정/금융 지원체세이다. 시자체, 중산지원조식, 지역 주민, 외부 전분가 등 다양한 주체와의 협력 관계를 구축하고, 정책 지원, 자금 지원, 공간 지원 등을 적극적으로 활용한다.

구분	내용	비고
Actor	로컬크리에이터 자신의 정체성과 역량	· 나의 전문성, 관심사, 네트워크 능력 · 내가 이 지역에서 무엇을 할 수 있을까?
Business	지역 자산을 활용한 비즈니스 모델	· 지역 자산과 나의 역량을 결합, 사업 모델 구상 · 지역성 보존 + 현대적 감각 = 경쟁력 확보
Support	행정/금융 지원체계	· 지자체, 중간지원조직, 지역 주민, 외부 전문가 등 　다양한 주체와의 협력 관계 구축 · 정책 지원, 자금 지원, 공간 지원 등 적극 활용

ABS 모델의 관점에서 볼 때, 로컬크리에이터가 지역 자산을 창의적으로 활용하는 방식은 크게 다음과 같이 분류할 수 있다.

재해석(Reinterpretation)

전통적인 것에 현대적 감각을 더하는 방식이다. 전통 한옥을 게스트하우스로 리모델링하거나, 전통주의 현대적 브랜딩을 하는 것이 이에 해당한다.

융합(Fusion)

서로 다른 요소를 결합하는 방식이다. 지역 농산물과 현대 요리법의 결합, 지역 역사와 디지털 기술의 접목 등이 이에 해당한다.

발굴(Discovery)

잊혀진 것을 새롭게 발견하는 방식이다. 사라져가는 지역 공예 기술을 복원하거나, 잊혀진 지역 설화를 콘텐츠화하는 것이 이에 해당한다.

연결(Connection)

단절된 것들을 이어주는 방식이다. 도시와 농촌의 연결, 세대 간 소통의 장 마련 등이 이에 해당한다.

이러한 창의적 접근을 통해 지역 자산은 단순한 유산이 아닌, 현재와 미래의 가치를 창출하는 자원으로 변모할 수 있다.

지역 자산 활용	방안	예
재해석 Reinterpretation	전통적인 것에 현대적 감각을 더하는 방식	전통 한옥을 게스트하우스로 리모델링, 전통주의 현대적 브랜딩
융합 Fusion	서로 다른 요소를 결합하는 방식	지역 농산물과 현대 요리법의 결합, 지역 역사와 디지털 기술의 접목
발굴 Discovery	잊혀진 것을 새롭게 발견하는 방식	사라져가는 지역 공예 기술 복원, 잊혀진 지역 설화의 콘텐츠화
연결 Connection	단절된 것들을 이어주는 방식	도시와 농촌의 연결, 세대 간 소통의 장 마련

2) 민-관 협력 플랫폼 및 교차 판매(Cross-selling) 네트워크

수원 행궁동은 '행궁동 도시재생 주민협의체'라는 플랫폼을 통해 주민, 상인, 예술가, 공무원 등 다양한 이해관계자가 협력하는 구조를 만들었다. 이를 통해 공공 지원과 민간 창의성이 결합된 지속 가능한 재생 모델을 구축했다.

충주 '세상상회'는 지역 예술가들의 작품을 판매하고 지역 농산물을 활용하는 등 지역 상품과 예술가를 적극적으로 알리는 교차 홍보의 장 역할을 하고 있다. 이상창 대표와 그의 동료들은 '보템플러스 협동조합'을 설립하여 카페, 공방, 여행사 등 다양한 비즈니스가 유기적으로 연결될 수 있는 구조를 만들었다. 이러한 교차 판매 네트워크는 개별 비즈니스의 한계를 극복하고, 고객에게 더 풍부한 경험을 제공할 수 있는 기반이 되고 있다.

3) 온라인 커뮤니티 활용

양양 서피비치는 서핑이라는 공통 관심사를 중심으로 강력한 온라인 커뮤니티를 형성했다. SNS 그룹, 메신저 채팅방 등을 통해 서퍼들 간의 정보 공유, 이벤트 소식 전파, 새로운 참여자 유입 등의 효과를 창출했다.

박준규 대표는 '코로나 선셋 페스티벌'과 같은 오프라인 이벤트와 온라인 커뮤니티를 연계하여 양양을 '서핑의 메카'로 포지셔닝하는 데 성공했다. 온라인에서 형성된 연대감은 실제 방문과 소비로 이어지며 지역 경제 활성화에 기여했다.

2. 사람과 사람을 잇는 힘: 로컬크리에이터의 숨겨진 역량

성공적인 로컬크리에이터들이 공통적으로 가진 능력 중 하나는 '사람을 연결하는 힘'이다. 이들은 종종 지역 내 다양한 사람들 사이의 가교 역할을 하며, 이전에는 연결되지 않았던 관계를 만들어낸다.

1) 다양한 이해관계자 매핑하기

로컬크리에이터가 연결해야 할 이해관계자는 지역 주민과 상인, 지자체 공무원, 지역 전문가와 활동가, 외부 방문객과 관광객, 투자자와 후원자, 미디어와 인플루언서, 다른 지역의 로컬크리에이터 등 실로 다양하다. 이러한 다양한 주체들을 파악하고, 각자의 특성과 니즈를 이해하는 것이 중요하다.

공주 제민천의 권오상 대표는 게스트하우스 '봉황재'를 시작으로 '퍼즐랩'이라는 커뮤니티 기반 지역경영회사를 설립하여 다양한 이해관계자를 연결하는 플랫폼을 구축했다. 그는 지역 내 다양한 주체들의 특성과 욕구를 세심하게 파악하고, 이들 사이의 시너지를 창출하는 '문화적 통역가' 역할을 수행했다.

2) 신뢰와소통: 지역사회 네트워크 구축의 예술

신뢰는 진정한 네트워크의 근간이다. 단순히 명함을 주고받는 인맥이 아닌, 깊은 신뢰를 바탕으로 한 관계가 지역사회를 변화시키는 힘이 된다.

이러한 신뢰를 구축하기 위해서는 몇 가지 핵심 원칙을 이해해야 한다. 무엇보다 일관성이 중요하다. 말과 행동이 일치할 때 사람들은 당신을 신뢰하게 된다.

인천 개항로의 이창길 대표는 이를 잘 보여주는 사례다. 그는 젠트리피케이션 방지라는 자신의 가치를 실현하기 위해 건물을 직접 매입하는 원칙을 꾸준히 지켜왔다. 이런 일관된 행동이 지역사회의 신뢰를 얻는 밑거름이 되었고.

투명성 역시 신뢰 구축의 중요한 요소다. 의사결정과 운영 과정을 공개하는 것은 불필요한 의심을 해소한다. 이러한 투명성은 참여자들이 공동체의 일원으로서 주인의식을 갖게 하는 계기가 될 것이다.

진정한 관계는 호혜적이어야 한다. 일방적으로 도움을 주거나 받는 관계는 오래 지속되기 어렵다. 로컬크리에이터들은 지역 주민들에게 문화 공간을 제공하면서도 그들의 지식과 경험을 자신의 비즈니스에 반영해오고 있다. 이러한 상호 이익의 관계는 더 깊고 의미 있는 네트워크로 발전할 수 있었다.

지속성 또한 간과할 수 없는 요소다. 신뢰는 하루아침에 쌓이지 않는다. 양양 서피비치의 박준규 대표는 지역 주민들과의 관계 형성을 위해 마을 발전기금을 꾸준히 제공하였다. 그는 단기적인 이익보다 장기적인 관계에 투자함으로써 자신이 단순히 돈을 벌기 위해 찾아든 외지인이 아닌 당당한 지역사회의 일원임을 각인시켰다. 이를 통해 그는 지역사회의 진정한 일원으로 받아들여질 수 있었다.

신뢰가 구축된 후에는 효과적인 커뮤니케이션이 필요하다. 다양한 이해관계자와 소통하기는 쉽지 않은 과제이지만, 몇 가지 전략이 도움이 될 수 있다.

먼저, 경청의 자세가 필요하다. 자기 생각을 전달하기에 앞서 상대방의 이야기를 진심으로 들어야 한다. 공주 제민천의 권오상 대표는 주민들의 '긍정적 무관심' 속에서도 그들의 필요와 관점을 이해하기 위해 끊임없이 귀를 기울였다. 진심을 가지고 경청하는 그의 자세는 결국 지역 주민들의 마음을 열게 만들었다.

공감적 표현은 관계를 더욱 깊게 만든다. 상대방의 입장에서 생각하고 그들의 감정을 인정하는 것은 소통의 기본이다. 인천 개항로의 이창길 대표는 노포 어르신들과 대화할 때, 세대 차이를 인정하고 그들의 관점에서 대화하려고 노력했다. 이러한 공감의 접근은 세대 간 장벽을 허물고 진정한 소통을 가능하게 했다.

아무리 좋은 아이디어도 명확하게 전달되지 않으면 그 가치를 잃는다. 영도 '무명일기'의 김미연 대표는 복잡한 도시재생의 개념을 '영도의 이야기를 담은 공간'이라는 쉽고 명확한 메시지로 전달했다. 이처럼 복잡한 개념도 상대방이 쉽게 이해할 수 있는 언어로 풀어내는 것이 중요하다.

마지막으로, 소통 채널의 선택도 신중해야 한다. 모든 대상에게 동일한 방식으로 소통하는 것은 효과적이지 않다. 양양 서피비치의 박준규 대표는 지역 주민들과의 소통은 오프라인에서 직접 만나는 대면 미팅을 통해, MZ세대 고객들과는 온라인인 SNS를 통해 소통하는 방식으로 채널을 차별화했다. 이처럼 대상의 특성에 맞는 소통 채널을 선택하는 것이 메시지의 효과를 높이는 비결이다.

이러한 신뢰 구축과 효과적인 커뮤니케이션은 지역사회에서 의미 있는 변화를 이끌어내는 원동력이 된다. 당장의 성과가 보이지 않더라도, 이러한 원칙과 전략에 충실하다면 언젠가는 당신의 노력이 지역사회에 깊은 뿌리를 내릴 것이다.

3) 갈등을 기회로 전환하는 지혜

인간관계의 그물망 속에서 갈등은 마치 계절의 변화처럼 자연스럽게 찾아온다. 로컬크리에이터들의 여정에서도 이러한 갈등은 피할 수 없는 동반자다. 그러나 진정한 역량은 갈등을 피하는 것이 아니라, 그것을 통해 더 단단한 관계의 토대를 쌓는 데 있다.

먼저, 갈등의 씨앗이 큰 나무로 자라기 전에 알아차리는 '초기 감지력'이 중요하다. 인천 개항로에서 오랜 시간 터를 지켜온 노포 어르신들은 처음에 이창길 대표의 접근에 경계심을 드러냈다. 그는 이러한 긴장감을 빠르게 인식하고, 사업 제안이 아닌 그들의 이야기를 듣는 자세로 전환했다. "제 이야기를 하러 온 것이 아니라, 어르신들의 지혜를 배우러 왔습니다."라는 진심 어린 태도로 점차 마음의 문을 열게 했다.

둘째, 갈등 상황에서 '균형 잡힌 시선'을 유지하는 것이 필수적이다. 충주 '세상 상회'의 이상창 대표는 지역 원주민과 이주 청년들 사이의 미묘한 긴장 관계에서 한쪽에 치우치지 않는 중재자 역할을 자처했다. 그는 양측의 입장을 동등하게 존중하며 "두 문화가 공존할 때 우리 마을은 더 풍요로워집니다."라는 메시지를 꾸준히 전달했다. 이러한 균형 감각은 결국 상호 신뢰의 기반이 됐다.

마지막으로, '시간의 지혜'를 품은 장기적 시선이 필요하다. 양양 서피비치의 박준규 대표는 초기에 지역 주민들과의 마찰에 직면했지만, 단기적 성과보다는 지속 가능한 관계 구축에 초점을 맞췄다. 그는 "우리의 성공은 파도타기 기술이 아닌, 이 바다와 마을과 함께 호흡하는 능력에 달려 있다."라는 철학을 실천했다. 시간이 흐르며 이러한 진정성은 지역 공동체와의 깊은 유대로 이어졌고, 결국 서로의 성장을 돕는 선순환을 만들어냈다.

갈등은 피할 수 없지만, 그것을 다루는 방식은 선택할 수 있다. 로컬크리에이터들의 갈등 관리 역량은 단순한 문제 해결 기술을 넘어, 더 깊고 의미 있는 관계망을 짜는 실천적 지혜인 것이다.

로컬 비즈니스의 협력 모델

1. 공동 구매/공급: 원재료나 서비스를 공동으로 구매, 비용을 절감.

2. 스페이스 쉐어링: 공간을 공유하여 임대료 부담을 줄이고 교류를 촉진.

3. 기술/장비 공유: 고가의 장비나 기술을 공유하여 효율성을 높인다.

4. 공동 마케팅: 함께 브랜딩하고 홍보하여 마케팅 효과를 극대화.

5. 인적 자원 교류: 직원 교육, 전문가 초청 등을 공동으로 진행.

6. 지식 공유: 성공과 실패의 경험을 나누어 집단 지성을 형성.

3. 실패를 발판 삼아 더 높이 도약하는 로컬크리에이터의 지혜

우리 인생에서 실패는 누구에게나 찾아오는 불청객이다. 그러나 성공한 로컬크리에이터들에게 실패는 불청객이 아닌 더 단단한 성장을 위한 소중한 경험이며 자산이다. 이들은 어떻게 쓰라린 실패를 값진 자산으로 탈바꿈시키는 것일까?

먼저, 감정에 휘둘리지 않는 '냉정한 해부'의 자세가 중요하다. 인천 개항로에서 활동하는 이창길 대표는 초기 프로젝트가 참여한 크루들과의 생각 차이로 인해 성과가 기대에 미치지 못했을 때, 좌절감에 빠지는 대신 철저한 분석의 시간을 가졌다. 이로 인해 체계적인 MD 시스템을 구축하며 사업의 방향성을 더욱 선명하게 다듬었다.

둘째, 다양한 목소리에 귀 기울이는 '열린 수용성'이 필요하다. 양양 서피비치의 박준규 대표는 처음 방문객들로부터 "주차 공간이 불편하다.", "안내 표지판이 부족하다."라는 지적을 받았다. 그는 이러한 피드백을 방어하기보다 소중한 개선 포인트로 받아들이며 지속적인 변화를 이끌어냈다. 초기의 불완전함이 오히려 더 완성도 높은 공간을 만드는 밑거름이 된 것이다.

셋째, 변화하는 환경에 유연하게 대응하는 '탄력적 전환력'이 중요하다. 수원 행궁동의 박승현 대표는 처음에 공유 오피스 사업으로 시작했지만, 지역의 니즈와 시장 상황에 맞춰 점차 라이프스타일 브랜드, 문화 콘텐츠 제작 등으로 영역을 확장했다. "우리의 핵심 가치는 '지역과 함께 성장한다.'는 것입니다. 이 본질만 잃지 않는다면, 형태는 얼마든지 바뀔 수 있죠"라는 그의 말처럼, 본질은 지키되 유연하게 피봇팅하는 지혜가 빛을 발했다.

넷째, 혼자서 분투하지 않는 '연결의 지혜'가 필수적이다. 충주 '세상상회'의 이상창 대표는 사업 초기 여러 어려움에 봉착했지만 보템플러스 협동조합의 친구들과 의논하고 협력하여 어려움을 헤쳐나갈 수 있었다. 이는 서로의 성장을 돕는 든든한 버팀목이 됐다.

실패에서 일어서는 힘, 회복 탄력성은 로컬크리에이터에게 없어서는 안 될 근육이다. 이 근육을 단련하는 방법은 무엇일까?

먼저, 흔들리는 상황에서도 중심을 잡아주는 '목적의 나침반'을 항상 간직해야 한다. 영도 '무명일기'의 대표들은 사업이 어려움에 봉착할 때마다 "영도에서, 왜 이 일을 시작했는지"를 되새겼다. 이러한 초심의 힘은 그를 다시 일어서게 하는 내면의 동력이 됐다.

또한, 예상치 못한 상황에도 빠르게 적응하는 '유연한 사고'가 필요하다. 양양 서피비치의 박준규 대표는 코로나19라는 전례 없는 위기 속에서도 방역 지침을 철저히 준수하면서, 오히려 '안전한 야외 활동'이라는 새로운 가치를 창출했다. 위기를 기회로 바꾸는 발상의 전환이 빛을 발한 순간이었다.

신체적, 정신적 건강을 챙기는 '자기 돌봄'의 지혜 역시 필수적이다. 수원 행궁동의 박승현 대표는 "로컬크리에이터는 마라톤 선수와 같습니다. 단거리 질주가 아닌 지속적인 활동이 중요하기에, 자신의 컨디션 관리가 무엇보다 중요합니다."라고 강조했다. 적절한 휴식과 영양 섭취, 마음의 안정을 통해 장기적인 여정을 준비하는 지혜가 엿보인다.

마지막으로, 함께 울고 웃을 수 있는 '심정적 지지 그룹'의 존재가 중요하다. 전국에서 활동 중인 로컬크리에이터들은 비슷한 상황에 처한 창업자들과 정기적인 모임을 가지며 경험과 감정을 나누고 있다. "혼자였다면 포기했을 순간들을 동료들의 응원과 조언으로 버텨낼 수 있었습니다."라는 그들의 고백은 공동체의 힘이 얼마나 중요한지를 일깨운다.

이처럼 로컬크리에이터의 여정은 수많은 도전과 시행착오의 연속이다. 그러나 실패를 두려워하지 않고 그 속에서 배움을 찾는 자세, 회복 탄력성을 기르는 습관, 그리고 지역과 사람에 대한 진정한 애정이 있다면, 어떤 어려움도 결국 더 단단한 성공의 디딤돌이 된다. 실패는 끝이 아닌, 더 나은 시작을 위한 소중한 자산인 것이다.

4. 고령화와 베이비부머의 기회: 로컬크리에이터의 새로운 지평

대한민국은 전례 없는 속도로 고령화 사회로 진입하고 있다. 통계청 예측에 따르면 2024년 5,175만 명에서 2072년 3,622만 명으로 인구가 줄어들고, 고령자 비율은 47.7%에 이를 것으로 전망[11]된다. 이러한 사회적 변화는 많은 이들에게 위기로 인식된다. 하지만 다른 관점에서 보면 이러한 사회적 변화가 로컬크리에이터들에게는 새로운 기회의 문이 열리는 순간이기도 하다.

1) 베이비부머의 지역 이동: 새로운 시장의 등장

베이비부머(1955-74년생)는 한국사회의 경제성장을 이끈 주역들이다. 이들은 우리나라 최초의 대졸세대이며, 국민소득을 3천 달러에서 3만 달러로 끌어올린 경험과 지식을 보유하고 있다. 2024년 기준 50대와 60대의 평균 순자산은 약 5억 원 이상으로, 상당한 자산을 보유하고 있다.

그런데 이 자산만으로 대략 30여 년 정도의 여생을 수도권에서 지내기에는 충분치 않다. 높은 생활비와 주거비용 때문에 많은 베이비부머들이 지방으로의 이주를 고려할 수밖에 없게 되었다. 김종걸 교수는 "고령화를 시대의 부채가 아니라 기회로[12]" 보라고 강조했는데, 바로 이 지점에서 로컬크리에이터의 새로운 가능성을 엿볼 수 있다.

2) 지역으로 유입되는 새로운 고객층

베이비부머들의 지역 이주는 로컬크리에이터들에게 완전히 새로운 고객층을 제공한다. 이들은 단순한 소비자가 아니라 높은 구매력과 다양한 경험을 가진 적극적인 참여자들이다. 지방의 저렴한 자산 가격과 풍부한 자원(빈집, 폐교, 국공립 공유지 등)은 베이비부머들에게 매력적인 정착 조건을 제공하며, 동시에 로컬크리에이터들에게는 새로운 비즈니스 기회를 창출한다.

지역으로 이주하는 베이비부머들이 갖고 있는 콘텐츠는 로컬크리에이터들에게 새로운 기회를 만들어낸다. 첫째, 이들의 풍부한 경험과 전문성은 로컬 비즈니스에 새로운 관점과 아이디어를 제공한다. 둘째, 안정적인 경제력은 지역 소비 시장을 확대시킨다. 셋째, 수십 년간 구축한 인적 네트워크는 지역 비즈니스의 외부 연결고리 역할을 한다. 넷째, 세대 간 가교 역할을 통해 다양한 연령층을 아우르는 사업 기회를 창출한다.

3) 로컬크리에이터들이 주목해야 할 새로운 비즈니스 영역

고령화 사회와 베이비부머의 지역 유입으로 로컬크리에이터들이 개척할 수 있는 주요 영역들이 확대되고 있다.

① 고령 친화산업과 헬스케어

한국의 고령친화제품 시장은 2022년 82.7조원 규모로 급속히 성장하고 있다. 베이비부머들은 이 시장의 핵심 고객층이 되고 있으며, 로컬크리에이터들에게는 새로운 비즈니스 기회를 제공해 줄 수 있다.

시니어 마켓은 소중하게 키워야 할 미래의 주요 산업이다(전영수, 2025). 지역 내 빈집을 리모델링하여 고령 친화 주거 환경으로 개조하고, 다양한 의료기기와 홈케어 서비스를 패키지로 제공하는 비즈니스 모델을 구축할 수 있다면 어

---

11) 2024 고령자 통계(통계청, 2024)
12) 고령화를 시대의 부채가 아니라 기회로(김종걸 2025), 라이프인

떨까? 만약 여기에 지역 요양보호사들과의 협업을 통하여 일자리를 창출하고, 동시에 양질의 노후 케어 서비스를 제공한다면 선순환 구조를 만들어낼 수 있을 것이다.

② 지역 기반 문화관광 콘텐츠

베이비부머들은 이미 우리 역사와 문화에 대한 깊은 이해가 바탕이 되어 있다. 로컬크리에이터들은 이를 현대적으로 재해석할 수 있는 안목을 갖추고 있다. 따라서 로컬크리에이터의 이러한 강점을 활용하여 지역의 문화적 자산을 관광 자원으로 발전시킬 수 있다.

만약 역사교사 출신의 베이비부머가 지역으로 이주해왔을 때, 로컬크리에이터와 같이 프로젝트를 추진한다면 어떨까? 그렇게 되면 베이비부머가 가진 역사 지식과 교육 경험, 로컬크리에이터의 관광 콘텐츠 기획 능력이 만나 빈 한옥을 전통문화 체험공간으로 조성하고, 지역 어르신들을 '살아있는 역사 강사'로 연결하는 독창적인 운영을 하거나 여러 협업이 가능하지 않을까? 두 사람의 협업으로 생긴 프로젝트는 지역 방문객들에게 생생한 역사 체험을, 지역에는 새로운 관광 수입을 가져다주는 성과를 거두며 큰 시너지 효과를 낼 수 있을 것이다.

③ 지역사회통합 돌봄

지역돌봄망 구축은 고령화 사회의 핵심 과제 중 하나다. 이는 로컬크리에이터들에게 새로운 사업의 기회이기도 하다. 베이비부머의 유입으로 돌봄 서비스에 대한 수요가 증가할 수 있기 때문이다.

만약 지역으로 이주한 대기업 인사관리자 출신의 베이비부머가 있다고 가정하자. 이 분의 인사관리 경험과 지역 네트워크, 로컬크리에이터의 플랫폼 구축 능력이 결합되어 지역 내 다양한 서비스 제공자들을 조직화하여 통합돌봄 플랫폼을 개발할 수도 있지 않을까? 그렇게 되면 지역 내 돌봄 사각지대를 해소하는 동시에 지역 주민들에게 양질의 일자리를 제공하게 되고, 지속적으로 성장할 가능성도 있을 것이다.

베이비부머 세대는 현재 건강에 대한 관심이 높아지는 시기이다. 여기에 건강한 먹거리에 대한 관심이 높아지는 사회적 흐름도 한몫 하고 있다. 이러한 높은 관심은 로컬크리에이터에게 친환경 농업과 푸드 비즈니스 영역에서 새로운 기회를 제공하고 있다.

가정해보자. 지역의 로컬크리에이터는 퇴직 후 고향으로 돌아온 전 영양사 출신의 베이비부머와 협력하여 로컬 레스토랑을 개업할 수도 있다. 이 분의 영양학 전문지식과 전통 레시피에 대한 이해, 그리고 로컬크리에이터의 브랜딩과 마케팅 역량이 결합되어 지역 농산물을 활용한 현대적 메뉴를 개발하고, 지역 내 시니어들의 요리 경험을 활용하는 독특한 운영 방식을 구축할 수도 있다.

4) 세대 협력이 만드는 시너지 효과

로컬크리에이터들에게 베이비부머의 지역 유입이 가져다주는 진정한 가치는 세대 간 협력에서 나타나는 시너지 효과다. 베이비부머의 풍부한 경험과 자원이 로컬크리에이터들의 창의성과 디지털 역량과 결합될 때 혁신적인 비즈니스 모델들이 탄생할 수 있기 때문이다.

만약 로컬크리에이터와 지역으로 이주한 은퇴 회계사가 로컬 브랜딩 회사를 공동 설립하였다고 상상해 보자. 베이비부머의 비즈니스 경험과 네트워크, 그리고 로컬크리에이터의 디지털 마케팅 역량이 만나 지역 소상공인들의 브랜딩을 효과적으로 지원할 수도 있을 것이다. 이들은 지역 내 베이비부머 세대의 오랜 노하우와 로컬크리에이터들의 창의적 아이디어를 연결하는 플랫폼으로 자리매김하며 성장해 나갈수 있을 것이다.

5) 고령화 사회의 새로운 패러다임: 지역은 기회의 땅

김종걸 교수는 "고령화를 시대의 부채가 아니라 기회로"(2025, LIFEIN)에서 '지방소멸은 후진국 병'이라고 강조하였다. 선진국일수록 자연과 문화가 어우러진 지방에서의 생활 수요가 크며, 고령화는 위기가 아닌 새로운 기회를 제공한다. 베이비부머들의 지역 이주는 로컬크리에이터들에게 새로운 고객층, 새로운 협력 파트너, 새로운 비즈니스 기회를 동시에 제공하고 있다.

가장 이상적인 고령 친화 지역은 "세대순환의 지역"이다. 노인만의 공간이 아닌, 다양한 세대가 함께 어우러져 살아가는 공간이야말로 진정한 의미의 로컬 르네상스를 이룰 수 있다. 로컬크리에이터들은 베이비부머들과의 협력을 통해 이러한 세대순환의 지역을 만드는 데 핵심적인 역할을 하고 있으며, 동시에 자신들의 비즈니스 영역을 확장하고 있다.

고령화와 베이비부머의 지역 유입은 로컬크리에이터들에게 지역이 진정한 기회의 땅임을 보여주는 명확한 증거가 될 수 있다. 이제 로컬크리에이터들은 단순히 젊은 세대만을 대상으로 하는 것이 아니라, 모든 세대를 아우르는 통합적인 지역 활성화의 주역으로 자리매김할 수 있을 것이다.

· 당신이 생각하는 '힙한 로컬'은 어디인가요? 그 지역이 매력적으로 느껴지는 이유는 무엇인가요?

· 만약 당신이 서울을 떠나 지방에서 살게 된다면, 어떤 라이프스타일을 추구하고 싶나요?

· 당신의 직업이나 관심사는 로컬에서 어떻게 새롭게 발전할 수 있을까요?

실천 과제

· **로컬 브랜드 탐험:** 당신이 관심 있는 분야(음식, 패션, 인테리어 등)에서 3개 이상의 흥미로운 로컬 브랜드를 찾아보고, 그들의 스토리와 차별점을 정리해보세요.

· **로컬 여행 계획:** 단순히 유명 관광지를 방문하는 것이 아닌, 한 지역의 일상과 문화를 깊이 경험할 수 있는 3일 여행 계획을 세워보세요.

· **나만의 로컬 프로젝트 상상하기:** 만약 당신이 지방에서 창업이나 프로젝트를 시작한다면, 어떤 아이디어를 실행해보고 싶은지 구체적으로 적어보세요.

05

지속 가능한 로컬,
함께 만들어가는 미래

진정한 지역 활성화는 외부의 일시적 지원이 아닌,
지역 내부에서 자생적으로 순환하는
생태계를 만드는 것에서 시작합니다.

1. 로컬크리에이터를 위한 정책 분석과 새로운 방향

"지원이 끝나면 사업도 끝난다."라는 말이 있다. 안타깝게도 이는 현재 우리나라 로컬크리에이터 지원정책의 현실을 잘 보여주는 표현이다. 2017년부터 본격화된 로컬크리에이터 육성 정책은 많은 성과를 거두었지만, 동시에 해결해야 할 구조적 문제도 드러냈다.

1) 현행 정책의 한계와 과제

단기성과 중심의 지원체계

현재 대부분의 로컬크리에이터 지원사업은 1년 단위로 설계되어 있다. 짧게는 6개월, 길어야 2년의 지원 기간이 끝나면, 창업자는 다시 또 다른 지원사업을 찾아 나서거나 독립적으로 운영해야 한다.

충주에서 관아골 플리마켓을 운영하는 이상창 대표는 지역 연대의 중요성을 강조하며 "거대한 목표를 세우기보다 초심을 잃지 않고 꾸준하게 진행하고 싶다"라고 밝혔다. 이는 현재 대부분의 로컬크리에이터 지원사업이 1년 단위로 설계되어 있는 현실에 대한 우회적 지적이기도 하다.

현재의 단기적 접근 방식은 여러 문제를 야기한다. 우선 로컬크리에이터가 안정적으로 사업을 운영하고 지역에 뿌리내리기도 전에 지원이 종료되는 것이 가장 큰 문제다. 또한, 지속적인 지원 신청을 위해 새로운 프로젝트를 기획하느라 실제 사업 운영에 집중하지 못하는 현상도 나타난다.

일본의 '지역부흥협력대[13]' 제도와 비교해보면 이러한 단기성의 한계가 더욱 명확해진다. 2009년부터 시작된 이 제도는 도시 청년들이 지방으로 이주해 최대 3년간 안정적인 활동비를 받으며 지역 프로젝트에 참여할 수 있도록 지원한다. 더 주목할 점은 활동 종료 후 약 60%의 참여자가 해당 지역에 정착한다는 사실이다. 충분한 시간과 안정적인 지원이 뒷받침되었기에 '일시적 프로젝트'가 아닌 '삶의 전환'이 가능했으리라 본다.

획일적 지원체계의 문제점

현행 지원정책은 대부분 지역과 분야의 특성을 고려하지 않은 획일적인 기준을 적용한다는 지적이 제기되고 있다.

지역별 특성을 보면, 수도권과 비수도권, 도시와 농촌 간의 인프라와 여건 차이는 상당하다. 서울에서 일주일이면 가능한 인허가가 지방에서는 훨씬 오래 걸리기도 하고, 필요한 전문 인력을 찾는 데도 큰 어려움을 겪는다. 그럼에도 불구하고 동일한 성과 지표로 평가받는 것은 형평성 문제를 제기하기도 한다.

분야별 특성도 충분히 고려되지 않는다. 농산물 가공 사업과 문화 콘텐츠 사업, 관광 서비스업은 각각 다른 준비 기간과 운영 방식이 필요하다. 특히 1차 산업과 연계된 로컬 비즈니스의 경우 계절성이 강해 획일적인 분기별 성과 관리가 현실과 맞지 않는 경우가 많다.

영도 무명일기의 오재민 대표는 사회적 기업으로 창업했을 때의 어려움을 이렇게 표현했다. "행정기관의 규제에 맞추려고 하니 내가 원하는 것들을 할 수가 없었다. 고용 유지, 회사 비전, 사회적 목적 등을 모두 증명하고 계산해야 하는 행정적 부담이 컸다." 이는 획일적 기준이 창의적 활동을 제약하는 현실을 잘 보여준다.

---

13) 일본의 '지역부흥협력대'(地域おこし協力隊, Chiiki Okoshi Kyoryokutai) 제도는 도시 지역의 인재를 인구 감소와 고령화가 진행되는 지방으로 유치하여, 지역 활성화 활동에 참여시키고 궁극적으로 해당 지역에 정착하도록 유도하는 것을 목표로 하는 제도로서 2009년 총무성 주도로 시작되었다.

로컬크리에이터 관련 지원사업이 여러 부처에서 중복으로 운영되는 문제가 지적되고 있다. 중소벤처기업부의 '로컬크리에이터 활성화 지원사업', 문화체육관광부의 '문화도시 조성사업', 농림축산식품부의 '농촌 신활력 플러스 사업', 행정안전부의 '마을기업 육성사업' 등 비슷한 성격의 지원사업이 여러 부처에서 동시에 진행되고 있다.

이러한 다원화된 지원체계는 여러 문제를 낳는다. 첫째, 자원의 효율적 활용이 어렵다. 같은 지역에서 유사한 내용의 사업이 여러 부처의 지원으로 동시에 진행되면서 자원이 분산되고 시너지 효과가 떨어진다. 둘째, 행정 절차의 복잡성이 증가한다. 부처별로 다른 신청 서류, 상이한 평가 기준, 다른 보고 양식 등은 창업자들에게 큰 부담이 된다.

2) 새로운 정책 패러다임: 생태계 조성으로의 전환

개인 지원에서 플랫폼 구축으로

앞서 살펴본 정책적 한계를 극복하기 위해서는 근본적인 패러다임 전환이 필요하다. '개별 창업자 지원'에서 '지역 생태계 조성'으로 정책의 초점을 이동해야 한다는 것이다.

영국의 브라이튼(Brighton)은 이러한 전환의 좋은 사례다. 1990년대 쇠퇴한 휴양지였던 브라이튼은 서식스에 있는 해변 휴양지인데. '실리콘 비치'라는 애칭으로도 불리우며 창업하기 가장 좋은 도시 순위 5위에 올랐다. 이 순위의 중요한 요인 중 하나는 44.2%에 달하는 높은 사업 생존율이다. 브라이튼은 디지털, 문화, 창조 산업뿐만 아니라 환경, 건강, 생명 과학 분야로도 유명하다. 개별 기업 지원보다는 디지털 미디어 산업 생태계 전체를 육성하는 정책을 펼쳤다. 'Brighton Digital[14]' 플랫폼을 통해 기업, 대학, 지자체, 시민사회가 유기적

으로 연결되도록 지원했고, 현재는 영국 최대의 디지털 미디어 클러스터로 성
장했다.

우리나라에서도 비슷한 접근을 시도하고 있다. 서울의 성수동 소셜벤처 밸리,
대구의 혁신도시 등이 대표적 사례다. 하지만 여전히 많은 지역에서는 개별
창업자 지원에 머물러 있는 것이 현실이다.

단기 프로젝트에서 중장기 투자로

정책의 시간 단위도 확장해야 한다. 1년 단위의 프로젝트 지원에서 3~5년 이
상의 중장기 투자로 전환해야 한다는 것이다.

독일의 '농촌 재생 프로그램(LEADER[15])'은 EU의 지원을 받아 최소 7년 단위로
계획을 수립하고 실행한다. 이는 농촌 지역의 변화가 단기간에 이루어질 수
없다는 인식에서 출발한다. 장기적 지원을 통해 지역 주민들의 역량 강화, 인
프라 구축, 문화 형성이 체계적으로 이루어지도록 설계되어 있다.

우리나라에서도 최근 일부 지자체에서 중장기 지원체계를 도입하기 시작했다.
성남시의 '청년 정책 5개년 종합계획', 충남도의 '로컬크리에이터 중장기 육성 전
략' 등이 그 예다. 하지만 여전히 대부분의 중앙정부 지원사업은 단년도 예산 편
성의 제약으로 장기적 관점을 가지기 어렵다.

---

14) https://bridgeheadagency.com/brighton/,
    https://newdigitalage.co/agencies/wired-sussex-launches-greater-brighton-tech-week/
15) LEADER는 프랑스어 "Liaison Entre Actions de Développement de l'Économie Rurale"의 약자로, "농촌
    경제 개발 활동 간의 연계"를 의미한다.

지역경영회사(LMC)를 통한 통합적 접근

새로운 정책 패러다임의 핵심은 지역경영회사(Local Management Company, LMC)라는 새로운 조직 형태를 통한 통합적 접근이다. LMC는 지역을 하나의 기업처럼 경영한다는 철학 아래, 다양한 자원과 이해관계자를 연결하여 종합적인 지역 개발을 추진하는 조직이다.

기존의 로컬크리에이터 지원정책이 개인 창업가에게 직접 자금을 지원하는 방식이었다면, LMC 모델은 지역 전체를 하나의 플랫폼으로 만들어 그 안에서 다양한 로컬크리에이터들이 활동할 수 있도록 기반을 조성하는 방식이다.

프랑스의 '지역활력센터[16](Pôles de Vitalité)'는 LMC의 선진 모델로 볼 수 있다. 지자체, 상공회의소, 시민사회가 함께 출자하여 설립한 이 조직은 지역 내 공간 개발, 사업체 유치, 관광 서비스, 문화 행사 등을 통합적으로 기획하고 운영한다. 개별 창업자 지원도 이루어지지만, 그보다 더 중요한 것은 전체 지역 생태계를 활성화하는 플랫폼 역할이다.

우리나라에서도 유사한 시도가 나타나고 있다. 수원 행궁동의 '공존공간'은 단순한 개인 기업을 넘어 지역 전체의 가치 상승을 목표로 하는 LMC 모델의 초기 형태로 볼 수 있다. 박승현 대표는 "지역 활성화는 주민들과의 협업이 중요하다"며 지역 공동체와의 상생 모델 구축의 중요성을 강조했다. 충주의 '보템플러스 협동조합'도 여러 로컬크리에이터가 연대하여 만든 플랫폼 조직으로, 이상창 대표가 강조한 "로컬크리에이터는 기본적으로 지역사회에서 건강한 매개자 역할을 해야 하는 DNA가 탑재되어 있어야 한다"라는 철학을 실현해 나가고 있다.

---

16) 프랑스의 '지역활력센터'(Pôles de Vitalité Rurale, PVR)는 주로 농촌 지역의 경제적, 사회적 활력을 증진시키고 공공 서비스 접근성을 개선하며, 지역 발전을 위한 프로젝트를 지원하기 위해 프랑스 정부 및 지방 당국에 의해 추진된 정책 또는 개념을 뜻한다.

3) 정책 전환을 위한 실행 방안

이러한 패러다임 전환을 현실화하기 위해서는 구체적인 실행 방안이 필요하다.

첫째, '로컬 이노베이션 특구' 지정을 통해 지역별로 특성화된 LMC 실험을 허용해야 한다. 규제 샌드박스처럼 특정 지역에서는 기존 규제의 일부를 완화하여 혁신적인 지역 경영 모델을 시도할 수 있도록 해야 한다.

둘째, '지역통합특별회계'를 신설하여 여러 부처의 예산을 통합 운용할 수 있는 체계를 마련해야 한다. 이를 통해 부처 간 칸막이를 해소하고 지역의 특성에 맞는 종합적 지원이 가능해진다.

셋째, 'LMC 인증제'를 도입하여 일정 기준을 충족한 조직에는 중장기 지원과 함께 자율적 운영권을 부여해야 한다. 단순한 보조금 지원을 넘어 사회적 투자의 관점에서 접근해야 한다.

정책의 초점을 단기적 지원에서 장기적 투자로 전환하고, 개인 창업가에 대한 지원을 넘어 지역 생태계 전체에 대한 관점으로 확장할 때, 비로소 지방소멸 위기를 기회로 바꿀 수 있는 진정한 변화가 시작될 것이다.

2. 개인에서 조직으로: 로컬크리에이터의 진화 패러다임

1) 기존 로컬크리에이터 사례의 한계점

개인 역량에 의존하는 구조

현재 대부분의 로컬크리에이터 활동은 개인의 열정과 역량에 크게 의존하고 있다. 인천 개항로프로젝트의 이창길 대표는 개항로 변화의 핵심 인물로, 직접 건물을 매입하고 노포 어르신들과 소통하며 지역 활성화를 이끌었다.

이러한 개인 주도 방식은 초기 단계에서는 빠른 의사결정과 실행이 가능하다는 장점이 있지만, 동시에 여러 한계점이 존재한다.

첫째, 개인의 물리적, 정신적 한계가 존재한다. 영도 무명일기의 오재민 대표는 "행정기관의 규제에 맞추려고 하니 내가 원하는 것들을 할 수가 없었다"라며 개인 사업자로서 겪는 어려움을 토로했다. 복잡한 행정 절차, 자금 조달, 인력 관리, 마케팅 등 모든 영역을 혼자 감당하기가 쉽지 않다.

둘째, 전문성의 한계가 뚜렷하다. 디자인에 능통한 창업가가 재무 관리나 법무까지 완벽하게 처리하기 어렵고, 음식 전문가가 디지털 마케팅까지 잘하기는 힘들다. 따라서 충주 세상상회의 이상창 대표 사례처럼 개인적으로는 카페를 운영하고 있지만 보템플러스 협동조합을 통해 플리마켓을 기획하고 지역 커뮤니티를 조성하는 방식을 택했다.

지속가능성 확보의 어려움

개인 중심의 로컬 비즈니스는 지속가능성 측면에서도 취약점을 보인다. 특히 개인 창업가가 중심이 되는 비즈니스는 그 사람이 활동을 중단하면 사업 자체가 유지되기 어려울 수 있다. 또한, 로컬에서 처음 업무를 시작하였을 때 지역의 사람들로부터 외면을 받기도 하고 심한 간섭을 받기도 하는 등 적응하기 쉽지 않은 경우가 대부분이다.

공주 제민천의 권오상 대표는 "처음 지역에 정착하여 집집마다 인사를 하며 돌아다니고 지역 커뮤니티에 적응하려고 노력을 했었는데 못 본 척하기도 했고 어쩌면 방관하는 듯하였으나 지금 돌이켜 생각해보면 그게 좀 긍정적인 무관심이었던 거 같다"고 회상했다. 이는 개인이 지역에 정착하고 사업을 지속하는 과정에서 겪는 어려움을 잘 보여준다.

사업 확장성의 제약

개인 기반 비즈니스는 규모 확장에도 한계가 있다. '세종시 삼십분'의 장부 대표는 체계적인 스케일업(scale up) 환경의 부재를 지적했다. "우리가 스케일업 할 때도 지역성을 가진 장소나 이런 것들이 사실은 중간지원조직과 지자체가 가지고 있는 인프라를 활용해서 할 수 있어야 해요. 하지만 사업 확장을 할 기회들이 있었음에도 불구하고 약간 정치적 이슈들에 의해서 이미 선정해놓은 팀들한테만 그런 기회가 주어졌던 거죠."

문경 '화수헌'의 도원우 대표는 로컬크리에이터들이 직면하는 내부적 문제로서 구조 확장의 한계에 대해 더욱 구체적으로 얘기했다. "소멸 위기 지역으로 분류된 도시에서 로컬크리에이터로 성장한 회사들이 지금 거의 매출 10억 원 안팎을 달성하는 회사들인데 더 이상은 사업 확장이 안 된다는 거예요." 그는 "대부분의 로컬 기업들은 어떻게 되냐면 처음에는 뾰족하게 남기고 공간을 운영하면서 혹은 상품을 만들어요. 그러다가 점점 투자는 안 들어오고, 지속 가능성은 있어야 되니까 다른 사업으로 막 이 사업 저 사업, 수익 모델을 여러 가지를 만들기 시작하지요."라며 정체성 희석 문제를 제기했다.

또한, 특히 주목할 점이라고 얘기한 것은 "일부 로컬크리에이터들은 한 5년 지나고 보면 전부 지자체에 용역 사업을 하고 있는 회사가 되어 있습니다. 그런 상황이나 프로세스 안에서 로컬크리에이터로서의 차별성은 많이 잃게 돼요."라는 지적이다. 이는 개인 사업자가 성장 과정에서 직면하는 정체성 변질과 지속가능한 수익 모델 확보의 어려움을 보여준다.

2) 조직화를 통한 발전 방향

협동조합과 사회적 기업 모델

개인 중심의 한계를 극복하기 위한 대안 중 하나는 협동조합이나 사회적 기업 형태로의 조직화다. 충주에서 활동하는 이상창 대표, 박진영 PD, 유순상 대표는 함께 '보템플러스 협동조합'을 설립했다. 이들은 '세상상회(이상창)', '로컬로(박진영)', 로컬종합상가 '복작(유순상)' 등 각자의 고유 브랜드를 운영하면서도 협동조합을 통해 자원과 경험을 공유하고 있다.

이상창 대표는 로컬크리에이터에 대해 "로컬크리에이터는 저의 직업이 아니라 '직함'"이라고 표현하며, 본업과 지역 활동을 병행하는 모델의 중요성을 강조했다. 협동조합 형태는 이렇듯 복수의 소득원을 가진 창업가들이 안정적으로 활동할 수 있는 틀을 제공한다.

사회적 기업 모델도 중요한 대안이다. 부산 영도의 '키친파이브' 등이 대표적 사례다. 이들은 단순한 영리 추구를 넘어 지역사회 문제 해결을 주요 과제로 삼으며, 정부 인증을 통해 세제 혜택과 경영 지원을 받고 있다. 물론 정부 인증이 쉽지만은 않다는 게 문제이다.

조직화의 또 다른 방향은 주민들이 주도하는 지역 공동체의 형성이다. 충주 '관아골'의 변화는 이상창 대표 개인의 노력뿐만 아니라 주민들의 참여와 협력 덕분에 가능했다. 이상창 대표는 "나 하나만 잘 되는 거보다 청년들이 다 같이 부흥할 수 있는 관아골을 만들고 싶었습니다"라며 공동체 중심 접근의 중요성을 강조했다.

양양 '서피비치'도 지역 공동체와의 상생 모델을 추구한다. 박준규 대표는 "해변 편의시설은 마을이 운영하도록 하고, 지역 주민들에게 매월 일정 금액을 지원하고 있다"며 지역 발전기금을 통한 주민 지원 계획을 밝힌 바 있다.

인천 '개항로'의 경우도 마찬가지다. 이창길 대표는 지역 커뮤니티와의 신뢰 구축에 많은 노력을 기울였다. 특히 협업의 진행이나 이해관계에 상관없이 외로운 독거노인들에게 화분을 선물하여 정서적 위로를 제공하기도 하고, 지역 공동체에 대한 봉사에도 적극적으로 참여했다는 점이 주목할 만하다.

'영도문화도시센터'도 주민 주도의 공동체 형성 과정을 잘 보여준다. 고윤정 센터장은 "영도라는 섬의 특성상 주민들이 직접 활동하고 만들어가는 과정이 중요하다"며 "문화예술 활동을 통해 주민들이 스스로 참여해서 변화의 주체가 될 수 있도록 노력하고 있다"고 밝혔다. 특히 함께 일하는 동료들과 지속적인 대화를 통해서 고쳐갔던 과정과 그곳에서 주민들 목소리를 담아낼 수 있도록 만든 공간 운영 방식이 주목된다. 또한 "문화 분야에만 머물지 않고 지역의 문제들도 함께 고민하며 주민들과 소통하는 창구 역할을 하려고 한다"는 점에서 진정한 주민 주도 모델을 구현하고 있다고 하겠다.

개인 중심에서 벗어나 플랫폼과 네트워크 중심의 조직으로 진화하는 것도 중요한 방향이다. 수원 행궁동의 박승현 대표는 단순한 개인 사업자를 넘어 지역경영회사(LMC) 모델을 추구하고 있다. 그는 "지역경영회사(LMC)의 거버넌스 구조"를 구축하여 '행;그라운드', '팔딱산', '신도시양조회' 등 다양한 브랜드를 직접 운영하면서도, 여러 개의 청년 창업팀과 네트워크를 형성하고 있다.

공주 '제민천'의 권오상 대표 역시 '퍼즐랩'이라는 커뮤니티 기반 지역경영회사를 설립했다. 그는 "전통적이거나 예측 가능한 방식이 아닌 다른 방식으로 지역을 자기만의 방식으로 바라보고 해석하고 본인만의 비즈니스 모델을 창조하는 사람"이 로컬크리에이터라고 정의하며, 개별 사업보다는 플랫폼 역할의 중요성을 강조했다.

3) 기존 사례의 LMC 전환 가능성 분석

수원 행궁동 '공존공간'의 거버넌스 구조

수원 행궁동의 '공존공간'은 이미 LMC의 특징을 많이 갖추고 있다. 박승현 대표는 "행궁동 도시재생 주민협의체"를 통해 주민, 상인, 예술가, 공무원 등 다양한 이해관계자가 협력하는 구조를 만들었다.

'공존공간'은 단순한 건물 임대나 브랜딩을 넘어 골목 전체를 하나의 기업처럼 경영하는 시스템을 구축했다. 100여 개 점포의 매출 데이터를 분석하여 상권 구성을 최적화하는 등 데이터 기반 지역 관리를 실현하고 있다. 또한 '행;그라운드 (공유오피스)', '팔딱산 (모던한식)', '신도시양조회 (양조장)' 등 다양한 브랜드를 직접 운영하면서 지역의 다층적 가치를 창출하고 있다. 이는 전형적인 LMC의 접근 방식이다.

박승현 대표는 "지역 활성화가 만약에 더 진행된다고 한다면 이전에 '마을 만들기', '도시재생', '문화도시' 이런 쪽에서 그랬던 것처럼 사람들이 도구적 활용이 안 되었으면 하는 생각이 들어요"라며 지속 가능한 LMC 생태계 구축의 필요성을 강조했다.

영도문화도시센터: 문화 기반 지역 거버넌스 모델

'영도문화도시센터'는 부산 영도가 2019년 문화도시로 지정되면서 설립된 조직으로, 지역 문화 자원을 통합적으로 관리하는 LMC의 특징을 보여준다. 특히 조선업 쇠퇴로 활력을 잃었던 영도의 산업 유산을 문화 자원으로 재해석하는 플랫폼 역할을 하고 있다.

이 센터는 영도 '무명일기'의 김미연 대표, 그리고 '키친파이브'의 오재민 대표 등 지역의 다양한 로컬크리에이터와 협력하여 지역 문화 콘텐츠를 개발하고 있다. '영도문화도시센터'의 관리방식은 주민 참여형으로 설계되어 있어, 단순히 행정 주도가 아닌 지역 주민과 창작자들이 함께 의사결정에 참여하는 체계를 갖추고 있다.

충북의 '앤퐁당': 지역 브랜드화를 통한 네트워크 LMC

충북의 로컬크리에이터들이 2018년 7명으로 시작하여 6년 동안 성장시킨 '앤퐁당(pongdang)'은 지역 브랜드를 통한 LMC 모델의 가능성을 보여준다. 이들은 "외부인에 대한 '환대'와 그리고 같은 길을 가는 사람들의 '연대'의 정신"을 바탕으로 다양한 실험과 협력을 거듭해왔다.

'앤퐁당'의 특징은 개별 사업체를 넘어선 네트워크 형태의 지역 생태계 구축에 있다. 이들은 충북 지역의 고유한 색깔과 정체성을 담은 브랜드를 공동으로 개발하여 "충북 고유의 브랜드로 자리매김"하고 있다. 이는 충주 '세상상회'의 이상창 대표가 강조한 "지역사회에서 건전한 매개자 역할"을 지역 브랜드 차원에서 실현한 사례라고 판단한다.

이처럼 기존의 성공적인 로컬크리에이터 사례들은 이미 LMC의 특징을 보이거나 그 방향으로 진화하고 있다. 개인 중심에서 조직 중심으로, 단일 사업에서 플랫폼으로 확장되는 이러한 변화는 로컬크리에이터 활동의 지속가능성과 확장성을 높이는 중요한 방향이다.

LMC 모델의 성공 요인과 시사점: 커먼즈 이론의 관점에서

이러한 국내 LMC 사례들을 오스트롬(Elinor Ostrom)의 커먼즈(Commons) 이론 관점에서 재해석해보면 흥미로운 시사점을 발견할 수 있다. 커먼즈 이론은 공동자원의 지속 가능한 관리에 대한 중요한 통찰을 제공하는데, 지역을 공동자원으로 바라보고 LMC를 그 관리 주체로 이해한다면 다음과 같은 분석이 가능하다.

집합적 의사결정 구조의 중요성

수원 행궁동의 "주민협의체"나 영도문화도시센터의 "주민 참여형 거버넌스"는 오스트롬이 강조한 '집합적 선택 장치'의 원칙과 부합한다. 지역 주민들과 이해관계자들이 직접 의사결정에 참여할 수 있는 구조가 있을 때 LMC가 지속가능하게 운영될 수 있다는 점이 확인된다.

명확한 경계와 역할 분담

충주 '보템플러스' 협동조합의 경우, 각 구성원의 역할과 책임이 명확하게 정의되어 있고, 이상창 대표가 강조한 '건전한 매개자'로서의 역할도 구체적으로 규정되어 있다. 이는 커먼즈 이론에서 말하는 '명확한 경계 정의'의 중요성을 보여준다.

점진적 문제 해결과 학습

인천 '개항로'의 이창길 대표가 초기에 컨셉에 맞지 않는 크루들과의 갈등을 경험하고, 이를 통해 프로젝트 방식을 점차 개선해간 과정은 커먼즈 이론의 '적응적 거버넌스' 개념과 연결된다. 실패와 학습을 통해 더 나은 운영 방식을 찾아가는 것이 LMC의 중요한 특징이다.

네트워크를 통한 상호 지원

충북 '앤퐁당'이 개별 로컬크리에이터들의 브랜드를 연결하여 지역 전체의 브랜드로 발전시킨 것은 커먼즈 이론의 '중첩된 기업(Nested Enterprises)' 개념과 유사하다. 복잡한 자원 관리 문제는 여러 층위의 조직이 서로 연결되어 해결해야 한다는 원칙이 실현된 사례다.

이러한 커먼즈 이론의 관점에서 볼 때, LMC는 지역을 단순한 경제적 자원이 아닌 공동체 구성원들이 함께 관리하고 가치를 창출하는 '공동자원'으로 인식하는 것이 중요하다. 특히 로컬크리에이터들이 개별적으로 활동하는 것을 넘어, 지역 전체를 공동의 자원으로 인식하고 함께 관리하는 조직으로 진화할 때, 진정한 지역 재생이 가능해진다는 점이 이들 사례를 통해 확인된다.

성공 요인의 종합

커먼즈 이론적 해석을 바탕으로 한 LMC의 성공 요인은 다음과 같이 종합할 수 있다:

첫째, 지역의 고유한 특성과 자산을 기반으로 한 차별화 전략이 중요하다. 인천 개항로의 노포 활용, 양양의 서핑 문화, 행궁동의 역사성 보존 및 활용 등은 모두 지역성에 기반한 전략이었다.

둘째, 다양한 이해관계자의 참여와 협력이 필수적이다. 이창길 대표가 건물주인 원주민과 상생 협력을 도모하고, 기존 상인들 및 주민들과의 연대를 강조했듯이 LMC는 개별 이익이 아닌 전체 생태계의 성장을 추구해야 한다.

셋째, 중장기적 관점에서 접근해야 한다. 세상상회와 보텀플러스가 2018년부터 운영한 담장마켓은 지역 문화교류를 넘어 2025년 대만 콜라보까지 확장되었다. LMC는 인내심으로 지역 변화를 만들어가야 한다.

넷째, 데이터 기반의 과학적 지역 관리가 필요하다. 박승현 대표의 지역 유동인구와 소비 패턴을 분석한다던가, 상점별 매출 및 고객 데이터를 분석하는 등 과학적이고 체계적 접근이 LMC의 의사결정과 성과 향상에 기여한다.

마지막으로, 수익 모델과 공익 활동의 균형이 중요하다. 서피비치의 '세 가지 핵심 가치'처럼 LMC는 경제적 지속가능성과 사회적 가치 창출을 동시에 추구해야 지역사회의 지지를 얻을 수 있다.

커먼즈 이론 기반 LMC 성공 요인

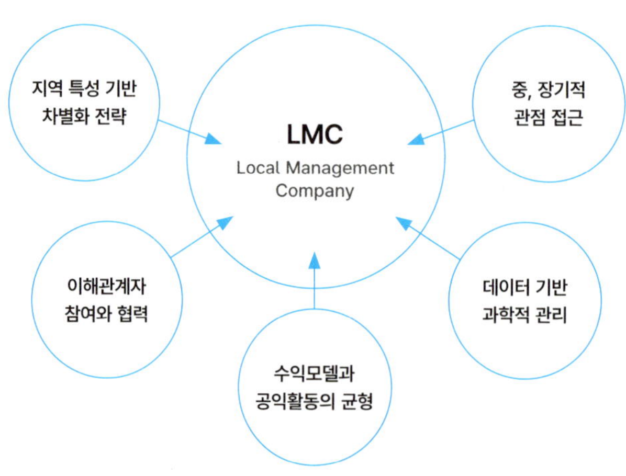

효과적인 LMC는 민간과 공공의 협력 체계를 구축하며 동시에 투명성과 책임성을 확보해야 한다. 수원 '행궁동'과 '영도문화도시센터'의 사례에서 볼 수 있듯이, 민관협력은 행정의 효율성과 민간의 창의성이 조화를 이루는 핵심 요소이다.

첫째, 역할 분담의 명확성을 추구해야 한다. 공공과 민간의 책임 범위를 명확히 정의하여 업무 중복이나 책임 회피를 방지해야 한다.

둘째, 정보 공유의 투명성을 확보해야 한다. 의사결정 과정을 공개하고 정기적인 운영 보고서를 발간함으로써 이해관계자들의 신뢰를 구축할 수 있다.

셋째, 상호 이익의 균형을 유지해야 한다. 공공성과 효율성의 조화를 추구하며, 민간의 창의성과 공공의 안정성이 서로를 보완할 수 있는 구조를 설계해야 한다. '영도문화도시센터'의 관리 방식은 부산시 영도구와 민간 전문가들이 함께 참여하며 이러한 균형을 실현했다고 볼 수 있다.

넷째, 유연한 대응 체계를 구축해야 한다. 상황 변화에 따라 조직 구조와 운영 방식을 유연하게 조정할 수 있는 능력은 LMC의 지속가능성을 높이는 중요한 요소이다. 이는 특히 급변하는 지역 환경과 정책 변화에 민첩하게 대응하기 위해 필수적이다.

다섯째, 재무 상황의 공개를 통해 책임성을 강화해야 한다. LMC의 재정 운영에 대한 투명한 공개는 외부 지원에 대한 의존도를 줄이고 자립적 운영의 기반을 마련할 수 있다.

여섯째, 이해관계자의 의견 수렴 채널을 운영해야 한다. 지역 주민, 상인, 행정 기관 등 다양한 이해관계자의 의견을 수렴하고 반영하는 체계적인 채널을 구축함으로써 의사결정의 민주성과 현장 적합성을 높일 수 있다.

이러한 민관협력 구조와 투명성 확보 방안은 상호 보완적인 관계에 있다. 민관협력이 효과적으로 이루어지기 위해서는 투명성과 책임성이 전제되어야 하며, 투명성과 책임성은 민관협력을 통해 더욱 강화될 수 있다. LMC는 이러한 원칙들을 통합적으로 적용함으로써 지역 특성에 맞는 지속가능한 운영 모델을 구축할 수 있을 것이다.

· 현재 로컬크리에이터를 지원하는 정책 중 가장 개선이 필요하다고 생각하는 부분은 무엇인가요? 어떤 방향으로 개선되어야 할까요?

· 지역 경영 회사(LMC)가 당신의 지역에 설립된다면, 어떤 분야에 중점을 두고 활동하면 좋을까요? 그 이유는 무엇인가요?

· 로컬크리에이터로서 성공적인 활동을 위해 당신에게 가장 필요한 역량은 무엇이라고 생각하나요? 그 역량을 어떻게 개발할 수 있을까요?

· **로컬 생태계 맵핑하기:** 당신의 지역에서 활동하는 로컬크리에이터, 관련 단체, 지원 기관 등을 조사하여 지역생태계 지도를 그려보세요.

· **정책 제안서 작성하기:** 로컬크리에이터 활동을 지원하기 위한 정책 아이디어를 간략한 제안서 형태로 작성해보세요. 지자체 공모전이나 주민참여예산 등에 실제로 제안해 볼 수도 있습니다.

· **멘토-멘티 네트워크 참어하기:** 로길크리에이터로 휠동하고 있는 신배나 동료를 찾아 멘토링을 요청하거나, 시작 단계에 있는 후배들에게 자신의 경험을 나눠보세요.

이 책이 여러분의 로컬크리에이터 여정에 작은 도움이 되기를 바랍니다.
지역에서의 여러분의 도전과 성장을 응원합니다!

살고 싶은 곳에서
하고 싶은 일을

씨앗은 이미 뿌려졌다

이 책을 마무리하는 지금, 창밖으로 보이는 풍경이 조금 다르게 보인다. 평범해 보이던 골목길에도, 오래된 건물에도, 그리고 그 사이를 오가는 사람들에게도 새로운 이야기가 숨어있을 것 같다. 양양의 박준규 대표가 버려진 해변에서 '서피비치'라는 보았을 때, 아마도 이런 기분이었겠지 싶다.

지난 몇 년간 전국을 다니며 로컬크리에이터들을 만나고 그들의 이야기를 들으면서 한 가지 확신이 생겼다. 우리가 '지방소멸'이라고 걱정하는 그 지역들에 어느 틈엔가 새로운 씨앗이 뿌려지고 있었고, 그 씨앗들이 이제 하나둘 싹을 틔우기 시작했다는 것이다.

변화는 이미 시작되었다

2018년 충주 관아골에서 처음 시작된 작은 플리마켓 '담장'이 이제는 전국의 셀러들과 글로벌에서도 찾아오는 명소가 되었다. 인천 개항로의 폐병원이 '브라운핸즈'라는 트렌디한 카페로 변신했고, 그 주변으로 '올드&뉴'의 정체성을 가진 공간들이 하나씩 생겨나고 있다. 부산 영도의 낡은 창고는 '무명일기'라는 복합문화공간이 되어 연간 10만 명이 찾는 앵커 스토어 역할을 하고 있다.

이런 변화들은 거창한 정책이나 대규모 투자에서 나온 것이 아니다. 각자의 자리에서 지역을 사랑하고, 그 지역만의 가치를 발견한 평범한 사람들이 만들어낸 결과다. 그들은 "나 혼자만 잘 되는 것보다 우리가 모두 함께 성장하는 것"을 꿈꾸며, 한 걸음씩 그 꿈을 현실로 만들어가고 있다.

개인에서 공동체로, 프로젝트에서 생태계로

이 책을 쓰면서 가장 인상 깊었던 변화는 로컬크리에이터들의 진화 과정이었다. 처음에는 개인의 열정과 아이디어로 시작했던 프로젝트들이 점차 지역 공동체와 연결되고, 나아가 지속 가능한 생태계로 발전해가는 모습을 볼 수 있었다.

수원 행궁동의 박승현 대표는 단순한 개인 사업을 넘어 지역경영회사(LMC)라
는 새로운 모델을 만들어가고 있다. 충주의 이상창 대표는 '보템플러스 협동조
합'을 통해 여러 로컬크리에이터와 연대하며 지역 전체의 활성화를 도모하고
있다. 공주의 권오상 대표는 '퍼즐랩'이라는 플랫폼을 통해 다양한 이해관계자
들을 연결하는 중간자 역할을 하고 있다.

이러한 변화는 단순한 사업의 확장이 아니다. 로컬크리에이터라는 존재 자체
가 진화하고 있는 것이다. 개인의 성공을 넘어 지역 전체의 발전을 추구하고,
단기적 프로젝트를 넘어 지속 가능한 시스템을 구축하려는 방향으로 말이다.

새로운 성공의 정의

이 책에 등장하는 로컬크리에이터들은 모두 '성공'을 새롭게 정의했다. 그들에
게 성공은 더 이상 매출액이나 직원 수로만 측정되지 않는다. 지역 주민들의
삶이 조금이라도 나아졌는지, 방문객들이 진정한 경험을 얻어갔는지, 지역의
고유한 가치가 제대로 전달되었는지가 더 중요한 성공의 지표가 되었다.

양양 서피비치의 박준규 대표가 말한 세 가지 핵심 가치를 다시 떠올려보자.

· 방문하는 모든 손님에게 로망을 주고 사랑받는 것
· 함께 일하는 동료들이 어디서든 행복하게 살 수 있도록 하는 것
· 세상에 도움을 줄 수 있는 일을 하는 것

이것이 바로 로컬크리에이터들이 추구하는 새로운 성공의 모습이다.

정책의 패러다임도 바뀌어야 한다

개인과 지역사회의 변화만으로는 충분하지 않다. 정책의 패러다임도 함께 바

뛰어야 한다. 단기적 지원에서 중장기적 투자로, 개별 창업자 지원에서 지역 생태계 조성으로, 획일적 기준에서 지역 특성을 고려한 맞춤형 접근으로의 전환이 필요하다.

특히 주목할 점은 고령화 사회의 도래와 베이비부머 세대의 지역 이주라는 새로운 기회다. 이들이 가진 경험과 자원, 그리고 로컬크리에이터들의 창의성과 디지털 역량이 만날 때, 우리는 지금까지 상상하지 못했던 새로운 형태의 지역 발전 모델을 볼 수 있을 것이다.

당신도 로컬크리에이터가 될 수 있다

이 책을 읽는 독자 중에는 아마 이런 생각을 하는 분들이 있을 것이다. "나도 로컬크리에이터가 되고 싶지만 특별한 재능이나 자본이 없는데 과연 가능할까?"

인천 '개항로'의 이창길 대표도, 양양 '서피비치'의 박준규 대표도, 충주 '세상상회'의 이상창 대표도 처음부터 자본과 재능을 갖춰놓고 시작한 특별한 사람들은 아니었다. 그들이 특별해진 것은 지역에 대한 사랑과 관심, 그리고 작은 변화라도 만들어보겠다는 열정과 의지 덕분이었다.

로컬크리에이터가 되기 위해서 필요한 것은 거창한 계획이나 큰 자본이 아니다. 가장 중요한 것은 자신이 살고 있는 지역 혹은 애정을 가지고 있는 지역을 새로운 눈으로 바라보는 것이다. 그 지역만의 독특한 매력은 무엇인지, 어떤 이야기가 숨어있는지, 어떤 가능성이 잠들어 있는지를 발견하는 것이다.

그리고 일단 작게라도 시작하는 것이다. 충주의 '담장' 플리마켓도 처음에는 두세 개의 가게가 모여 시작한 작은 모임이었다. 영도의 '무명일기'도 버려진 창고 하나를 개조하는 것에서 시작되었다. 큰 그림을 그리는 것도 중요하지만, 더 중요한 것은 첫걸음을 내딛는 용기다.

연결의 시대, 협력의 가치

로컬크리에이터로서 성공하기 위해서는 혼자 힘으로는 한계가 있다는 것을 이 책의 사례들이 잘 보여준다. 성공한 로컬크리에이터들의 공통점은 모두 훌륭한 '매개자'였다는 것이다. 지역 주민과 외부 방문객을, 전통과 현대를, 서로 다른 세대를, 다양한 이해관계자들을 연결하는 매개자이자 코디네이터로서의 능력이 그들을 성공으로 이끈 핵심 요소였다.

특히 코로나19 이후 '연결'의 의미가 더욱 중요해졌다. 물리적 거리는 멀어졌지만, 디지털 기술을 통해 새로운 형태의 연결이 가능해졌다. 로컬에 있으면서도 글로벌과 소통할 수 있고, 아날로그적 가치를 디지털로 전달할 수 있는 시대가 왔다.

앞으로의 로컬크리에이터에게는 이러한 연결 능력이 더욱 중요해질 것이다. 개인의 재능도 중요하지만, 다양한 사람들과 자원을 연결하여 시너지를 만들어내는 능력이 진정한 경쟁력이 되리라 본다.

지속가능성을 위한 과제들

물론 장밋빛 전망만 있는 것은 아니다. 로컬크리에이터가 직면한 과제들도 분명히 존재한다.

첫째는 경제적 지속가능성의 문제다. 의미 있는 일을 하는 것도 중요하지만, 그것이 경제적으로도 지속 가능해야 한다. 문경 '화수헌'의 도원우 대표가 지적한 "10억 언저리에서 더 이상 사업 확장이 안 되는" 구조적 문제를 해결해야 한다.

둘째는 젠트리피케이션의 우려다. 로컬크리에이터의 활동으로 지역이 주목받고 발전하게 되면서 부동산 가격 상승과 원주민 이주라는 부작용이 나타날 수 있다. 인천 '개항로'의 이창길 대표가 건물을 직접 매입하는 전략을 택한 것도 이러한 문제를 예상한 선제적 대응이었다. 이렇듯 지역과 상황에 맞게 현명한 대응책이 필요하리라 본다.

셋째는 정체성 유지의 문제다. 성장 과정에서 로컬크리에이터로서의 차별성을 잃고 일반적인 사업자가 되어버리거나, 지자체 용역업체로 전락하는 위험을 피해야 한다.

미래를 향한 희망적 전망

하지만 이러한 과제들이 로컬크리에이터들의 미래를 어둡게 하지는 않는다. 오히려 이러한 문제들을 인식하고 해결책을 모색하는 과정에서 더욱 성숙한 로컬크리에이터 생태계가 만들어질 것이다.

특히 주목할 만한 변화는 개인 중심에서 조직 중심으로의 진화다. 협동조합, 사회적 기업, 지역경영회사(LMC) 등 새로운 조직 형태들이 등장하면서, 로컬크리에이터들의 활동이 더욱 체계적이고 지속 가능해지고 있다.

또한, 정책 환경도 점차 개선되고 있다. 중앙정부와 지방자치단체들이 로컬크리에이터의 중요성을 인식하고, 보다 실질적이고 장기적인 지원 방안을 모색하고 있다. 부처 간 칸막이 해소, 중장기 지원체계 구축, 지역 특성을 고려한 맞춤형 정책 등이 점차 현실화되고 있다.

새로운 시작을 위한 초대

이 책의 마지막 페이지를 넘기는 당신에게 묻고 싶다. 지금 당신이 서 있는 그 자리에서, 당신만이 발견할 수 있는 가치는 무엇인가? 당신이 살고 있는 그 지역에서, 당신만이 만들어낼 수 있는 이야기는 무엇인가?

로컬크리에이터가 되는 것은 거창한 결심이나 완벽한 준비가 필요하지 않다. 작은 관심에서 시작해서, 작은 실험을 해보고, 작은 변화를 만들어보는 것에서 시작된다. 중요한 것은 시작하는 용기와, 그 과정에서 만나게 될 사람들과 함께 성장해나가려는 마음이다.

프롤로그에서 "잠들어 있던 거인을 깨우는 사람들"이라고 표현했던 로컬크리에이터! 이제 그 거인이 서서히 깨어나고 있다. 양양의 바다에서, 인천의 골목에서, 충주의 마을에서, 공주의 한옥에서, 영도의 창고에서… 전국 곳곳에서 새로운 이야기들이 쓰여지고 있다.

당신도 그 이야기의 주인공이 될 수 있다. 당신의 로컬에서, 당신만의 방식으로, 당신만의 이야기를 만들어갈 수 있다.

끝이 아닌 시작

이 책은 여기서 끝나지만, 진짜 이야기는 이제부터 시작이다. 책을 덮고 밖으로 나가서, 당신의 지역을 새로운 눈으로 바라보자. 그곳에서 당신만이 발견할 수 있는 보물을 찾아보자. 그리고 그 보물을 많은 사람과 나누는 방법을 고민해보자.

로컬크리에이터의 여정은 절대로 쉽지는 않을 것이다. 시행착오도 있을 것이고, 예상치 못한 어려움도 만날 것이다. 하지만 그 과정에서 당신은 진정한 보람과 성취감을 맛보게 될 것이다. 무엇보다 당신의 작은 노력이 지역과 사람들에게 의미 있는 변화를 만들어내는 기쁨을 경험하게 될 것이다.

씨앗은 이미 뿌려졌다. 이제 그 씨앗들이 싹을 틔우고, 꽃을 피우고, 열매를 맺을 때가 왔다. 당신도 그 풍성한 수확의 일부가 되어보지 않겠는가?
'천 리 길도 한 걸음부터(千里之行 始於足下)'라는 말처럼, 지금 여러분이 서 있는 그곳에서 첫걸음을 내딛는 것이 중요하다. 여러분의 작은 한 걸음이 지역을, 그리고 대한민국을 변화시키는 시작점이 될 것이기 때문이다.

"지역에서 무언가를 시작한다는 것은 백지 위에 그림을 그리는 것과 같다. 누구도 가보지 않은 길이기에 두렵지만, 그만큼 자유롭게 상상하고 무엇이든 창조해 나갈 수 있는 기회가 있다."

당신의 백지 위에는 어떤 그림이 그려질까? 그 첫 번째 붓질을 시작해보자.

2025년 7월 / 저자 드림

참고 문헌

· 경신원. (2020). 로컬크리에이션 활성화 지원 실태 및 전략 분석. 창업진흥원.

· 국가균형발전위원회. (2023). 균형발전 정책 20년 백서: 성과와 과제. 국가균형발전위원회.

· 김종걸. (2025). 고령화를 시대의 부채가 아니라 기회로. 라이프인.

· 김혁주. (2020). 로컬크리에이터의 등장. 비로컬.

· 곽정연. (2021). 로컬크리에이터 중심의 지역문화 발전을 위한 독일 창업 지원방안 연구.
  문화콘텐츠연구, 23, 55-86.

· 라이프인. (2021, September 6). 맥주, 지역을 담다: 무등산 브루어리. 라이프인.

· 매일경제. (2021, July 30). 2030세대 79%가 돈보다 가치에 열광 '미닝 아웃' 트렌드 주도. 매일경제.

· 모종린. (2019). 골목길 자본론. 다산북스.

· 박창용. (2025). 지역 활성화에 기여하는 로컬크리에이터에 관한 연구: 지역성과 역량을 중심으로
  [박사학위논문]. 한양대학교.

· 수원도시재단. (2024). 행궁동 상권 분석 리포트.

· 유경한, 정일권, 강정우, & 소민정. (2022). 로컬크리에이터의 디지털 플랫폼 활용 연구 -
  로컬크리에이터 유형에 따른 차이를 중심으로. 문화와융합, 44(11), 387-404.

· 이원빈, 김계환, 이두희, 강지현, & 모종린. (2019). 창의인재기반산업 육성을 위한 지역생태계 구축방안.
  산업연구원.

· 이창현, & 박지영. (2024). 로컬크리에이터가 지역 도시의 관계인구에 미치는 영향 분석: 도시디자인적 함의를 중심으로. 도시설계, 25(1), 23-36.

· 전영수. (2023). 지역재생의 성공조건과 ABS모델의 제안. 일본학보, 134, 159-182.

· 전영수. (2025). 요즘어른의 부머경제학. 라의눈.

· 조승구, & 박희영. (2016). 지역성을 위한 지역자산의 인식유형에 관한 연구: 부산광역시 지역자산을 중심으로. 대한건축학회연합논문집, 18(5), 77-88.

· 중소벤처기업부. (2018-현재). 로컬크리에이터 활성화 지원사업.

· 최은경, & 설진아. (2021). 로컬크리에이터들과 지역방송의 하이퍼로컬 협력방안을 위한 탐색 연구. 방송문화연구, 33(1), 5-35.

· 통계청. (2024). 2024 대한민국 인구 전망 통계 (고령자 비율 포함).

· 하혜영. (2023). 「인구감소지역 지원 특별법」 시행 및 향후 과제. 이슈와 논점, 2023-02-16, 1-10. 국회입법조사처.

· 행정안전부. (2024). 2024년 인구감소지역 지원 기본계획. 행정안전부.

· Brighton Digital. (n.d.). Brighton Digital Platform.

· Elkington, J. (1997). Cannibals with forks: The triple bottom line of 21st century business. Capstone Publishing.

· Evans, G. (2009). Creative cities, creative spaces and urban policy. Urban Studies, 46(5-6), 1003-1040.

- Flora, C., & Flora, J. (2013). Rural communities: Legacy and change (4th ed.). Westview Press.

- K-공감. (2024, December 19). 도시 생활에 지친 MZ세대 "귀농·귀촌에 관심있어요" 60.6%. K-공감.

- Kim, S., & Kim, A. (2022). Going viral or growing like an oak tree? Towards sustainable local development through entrepreneurship. Academy of Management Journal, 65(5), 1709-1746.

- Kretzmann, J. P., & McKnight, J. L. (1993). Building communities from the inside out: A path toward finding and mobilizing a community's assets. ACTA Publications.

- LEADER Programme. (n.d.). EU 농촌개발정책 프로그램 (Liaison Entre Actions de Développement de l'Économie Rurale).

- New Digital Age. (n.d.). Wired Sussex launches Greater Brighton Tech Week. New Digital Age.

- Ostrom, E. (1990). Governing the commons: The evolution of institutions for collective action. Cambridge University Press.

- Pôles de Vitalité Rurale (PVR). (n.d.). 프랑스 지역활력센터.

- Putnam, R. D. (2000). Bowling alone: The collapse and revival of American community. Simon & Schuster.

- toss feed. (2025, January 6). 서울 밖에서 산다는 것. toss feed.

- 地域おこし協力隊 (지역부흥협력대). (2009-현재). 일본 총무성 지역활성화 프로그램.

로컬크리에이터
잠들어 있던 거인이 깨어나다

초판 인쇄　　2025년 12월 17일
초판 발행　　2025년 12월 20일

지은이　　박창용
펴낸곳　　비로컬
펴낸이　　김혁주
제작　　비로컬 윤혜경, 이광희
사진　　비로컬 장군
편집, 디자인　　디어라이프 박래환
마케팅　　구름이머무는동안 고태석

주소　　서울특별시 관악구 남현3길 61 (대한뉴팜) 패스트파이브, 304호
이메일　　press@belocal.co
출판등록　　2018년 4월 26일, 제2023-00064호

ISBN 979-11-970870-3-5